studio [21]

Intensivtraining B1

mit Audio-CD
und Extraseiten
für Integrationskurse

Deutsch als Zweitsprache

von Rita von Eggeling

studio [21]
Intensivtraining B1 mit Audio-CD und Extraseiten für Integrationskurse
Deutsch als Zweitsprache

Herausgegeben von Hermann Funk und Christina Kuhn
Im Auftrag des Verlages erarbeitet von Rita von Eggeling und Gunther Weimann

In Zusammenarbeit mit der Redaktion:
Andrea Finster, Berlin
Gertrud Deutz (Redaktionsleitung)

Illustrationen: Andrea Naumann; Andreas Terglane: S. 6, 53, 61
Technische Umsetzung: zweiband.media, Berlin
Umschlaggestaltung und Layout: Klein & Halm Grafikdesign, Berlin

Informationen zum Lehrwerksverbund **studio** [21] finden Sie unter www.cornelsen.de/studio21.

www.cornelsen.de
Soweit in diesem Lehrwerk Personen fotografisch abgebildet sind und ihnen von der Redaktion fiktive Namen, Berufe, Dialoge und Ähnliches zugeordnet oder diese Personen in bestimmte Kontexte gesetzt werden, dienen diese Zuordnungen und Darstellungen ausschließlich der Veranschaulichung und dem besseren Verständnis des Inhalts.

Die Webseiten Dritter, deren Internetadressen in diesem Lehrwerk angegeben sind, wurden vor Drucklegung sorgfältig geprüft. Der Verlag übernimmt keine Gewähr für die Aktualität und den Inhalt dieser Seiten oder solcher, die mit ihnen verlinkt sind.

1. Auflage, 1. Druck 2016

Alle Drucke dieser Auflage sind inhaltlich unverändert und können im Unterricht nebeneinander verwendet werden.

© 2016 Cornelsen Schulverlage GmbH, Berlin

Druck: Firmengruppe APPL, aprinta Druck, Wemding

ISBN: 978-3-06-520723-2

PEFC zertifiziert
Dieses Produkt stammt aus nachhaltig
bewirtschafteten Wäldern und kontrollierten
Quellen.
PEFC
www.pefc.de
PEFC/04-32-0928

Inhalt

1 **Sparen moderne Technologien Zeit?** Lesen Sie den Text. Zu welchen Sätzen im Text passen diese Aussagen? Geben Sie die Zeile an.

Zeile(n)

1. Unsere Freizeit ist nur etwas mehr als eine halbe Stunde länger als früher. .....5—8.....

2. Ein Einkauf im Supermarkt dauert doppelt so lange wie ein Einkauf im traditionellen Lebensmittelgeschäft in der Nachbarschaft. ....

3. Viele Dinge in unserem täglichen Leben sind heute durch technische Geräte viel bequemer als früher. ....

4. Vor über 40 Jahren verbrachten die Menschen im Jahr 365 Stunden weniger mit Hausarbeit als heute. ....

5. Wir haben mehr Freizeit, weil wir zum Beispiel bei den Mahlzeiten Zeit sparen. ....

6. Der Gebrauch von Computern, Telefonen und Maschinen führt nicht zu mehr Freizeit. ....

Waschmaschine und Spülmaschine nehmen uns viel Arbeit ab. Viele meinen, mit technischen Geräten kann man eine Menge Zeit sparen. Aber haben wir wirklich mehr Freizeit als unsere Eltern oder Großeltern in den 60er Jahren? Eine Untersuchung zum Zeitmanagement der Europäer kam zu dem Ergebnis, dass wir auch mit den vielen neuen technischen Geräten in den letzten 40 Jahren nur 38 Minuten an freier Zeit gewonnen haben. Wo bleibt also die ganze gesparte Zeit?

10 Sehen wir uns zuerst die wöchentliche Arbeitszeit an. Die liegt in Deutschland zwischen 35 und 40 Stunden. So steht es auf dem Papier, aber das ist eine statistische Zahl. Oft arbeiten die Menschen, die Arbeit haben, viel länger: die Studie hat 44,8 Stunden errechnet. Das sind fast drei Stunden in der Woche mehr als 1965.

Dann die modernen Verkehrsmittel. Mit ihnen können wir heute schnell von einem Ort zum 15 anderen fahren. Leider sind die Wege zur Schule, Arbeit und zum Einkaufszentrum oft viel länger als früher. Sogar das Einkaufen im modernen Supermarkt kostet uns mehr Zeit als 1965 ein Einkauf im Tante-Emma-Laden um die Ecke. Was früher 10 Minuten dauerte, dauert heute 20 Minuten.

Und auch mit den High-Tech-Helfern im Haushalt sparen 20 wir kaum Zeit. Denn heute putzt, wäscht und bügelt man durchschnittlich pro Tag eine Stunde länger als 1965. Warum? Wir haben heute andere Vorstellungen von Sauberkeit und unsere Kleidung landet meistens schon nach einem Tag in der Wäsche.

25 Statistisch gesehen haben wir heute wirklich täglich 38 Minuten mehr Freizeit. Aber wo kommt diese Zeit her? Die Antwort ist einfach und hat mit Technik nichts zu tun: Heute isst man schneller und schläft weniger.

2 **Nicht vergessen!** Wiederholen Sie Uhrzeit und Datum. Hören Sie und tragen Sie die Termine in der offiziellen Zeitform in den Kalender ein.

02

Donnerstag 22. Mai	Freitag 23. Mai	Samstag 24. Mai	Sonntag 25. Mai
17 Uhr:			

3 **Zeitangaben machen**

a) Tragen Sie die Zeitangaben *manchmal, nie, oft, immer* und *selten* auf der Skala ein.

....

b) Wie oft? Schreiben Sie Sätze ins Heft. Benutzen Sie die Zeitangaben aus Aufgabe a).

ins Kino gehen – fernsehen – spazieren gehen –
Vokabeln lernen – chatten – Zeitung lesen – mit
dem Handy telefonieren – abends kochen – ...

Ich gehe oft spazieren.
Manchmal ...

4 **Zeitwörter**

a) Lesen Sie die Texte und ordnen Sie die Fotos zu.

1 ☐ In vielen Ländern in Europa beginnt die **Winterzeit** in der Nacht zum letzten Sonntag im Oktober. In dieser Nacht werden die Uhren von 3 Uhr wieder auf 2 Uhr gestellt. Man kann eine Stunde länger schlafen. Am letzten Sonntag im März beginnt dann die

.... und die Uhren werden um 2 Uhr auf 3 Uhr gestellt. Diese Nacht ist eine Stunde kürzer!

2 ☐ Auch für das Jahr 2014 zeigt die Statistik für Deutschland, dass in Familien mit kleinen Kindern 67,8 Prozent der Frauen .... arbeiten. Im gleichen Jahr arbeiten 94,5 Prozent der Männer **Vollzeit**.

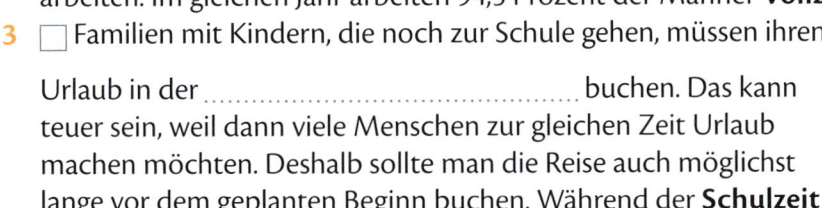

3 ☐ Familien mit Kindern, die noch zur Schule gehen, müssen ihren

Urlaub in der .... buchen. Das kann teuer sein, weil dann viele Menschen zur gleichen Zeit Urlaub machen möchten. Deshalb sollte man die Reise auch möglichst lange vor dem geplanten Beginn buchen. Während der **Schulzeit** sind die Urlaubsangebote oft günstiger.

4 ☐ Die durchschnittliche .... lag in Österreich im Jahr 2013 mit 38.8 Wochenstunden ca. eine Stunde über dem europäischen Durchschnitt. Ein Vergleich zeigt, dass die Österreicher in dem Jahr insgesamt ca. 74 Stunden weniger **Freizeit** hatten als ihre deutschen Nachbarn.

b) Wie heißt das Gegenteil? Ergänzen Sie die fehlenden Wörter in den Texten aus a).

5 **Endlich Samstag.** Zeit zum … Ergänzen Sie die Verben wie im Beispiel.

Samstagmorgen, sechs Uhr. Ich liege noch im Bett und denke nach,
was ich heute machen könnte.

> faulenzen – frühstücken – aufräumen – joggen – kochen – telefonieren –
> lesen – ~~ausschlafen~~

1. Jetzt hätte ich *Zeit zum Ausschlafen*, aber ich bin hellwach.

2. Ich hätte heute .... mit Tom, aber der ist in Bonn.

3. Ich hätte ...., aber leider sind meine Laufschuhe kaputt.

4. Jetzt hätte ich ...., aber das hat Eva schon gemacht.

5. Ich hätte ...., aber meine Freunde schlafen sicher noch.

6. Ich hätte auch ...., aber mein Kühlschrank ist leer.

7. Ich hätte viel ...., aber ich habe kein interessantes Buch.

8. Ich glaube, ich bleibe einfach noch im Bett! Heute habe ich ....!

6 **Nebensätze mit** *während*. **Schreiben Sie Sätze wie im Beispiel.**

Morgens muss bei mir alles schnell gehen. Ich mache immer zwei Sachen gleichzeitig:
1. Ich bin im Bad und mein Teewasser kocht.

   Während ich im Bad bin, kocht mein Teewasser.

2. Ich dusche und putze mir die Zähne.

   Während ....

3. Ich lese die Zeitung und frühstücke.

   ....

4. Ich ziehe mich an und höre die Verkehrsnachrichten im Radio.

   ....

5. Ich gehe aus dem Haus und sehe auf die Uhr.

   ....

6. Ich fahre zur Arbeit und denke an meine Termine.

   ....

7 Der Tag, der alles veränderte

a) Hören Sie den ersten Teil einer Geschichte und bringen Sie die Bilder in die richtige Reihenfolge.

03

1
2
3
4

b) Lesen Sie jetzt den ersten Teil der Geschichte und ergänzen Sie die unregelmäßigen Verben im Präteritum.

> beginnen – kommen – ~~sein~~ – sehen – sitzen – stehen – verstehen

Annette kenne ich schon seit meiner Schulzeit. Sie ist total nett und immer noch eine gute

Freundin. Das Besondere an ihr ___war___ schon früher, dass sie nie zu spät _____.

Wirklich nie. Wenn der Unterricht _____, _____ sie schon auf ihrem Stuhl.

Wenn ich sie zu einer Party abholen wollte, _____ schon vor der Tür und _____

auf ihre Uhr. Sie _____ einfach nicht, dass man auch unpünktlich sein kann.

> fahren – gefallen – gefallen– finden – ~~anfangen~~ – gehen – kommen

Nach der Schule ___fing___ sie eine Ausbildung zur Mechatronikerin ___an___. Der Beruf _____

ihr schon lange. Sie _____ nun jeden Morgen mit dem Bus in die Werkstatt. Sie

_____ immer schon eine Viertelstunde früher zur Haltestelle, weil sie den Bus auf keinen

Fall verpassen wollte und sie _____ nie zu spät zur Arbeit. Ihrem Chef _____

das sehr, aber ihre Kollegen _____ gar nicht so toll.

c) Wie ging es weiter? Lesen Sie den zweiten Teil und ergänzen Sie die passenden unregelmäßigen Verben im Präteritum.

An einem sonnigen Montagmorgen im März hörte Annette zum ersten Mal in ihrem Leben ihren

Wecker nicht. Als sie aufwachte, ___war___ es schon halb acht! Sie _____ schnell mit

ihrem Fahrrad zur Haltestelle, aber der Bus _____ weg und sie musste auf den nächsten

warten. An der Haltestelle _____ sie Ralf, sie _____ ihn sofort toll. Im Bus

_____ er neben ihr und als er aussteigen musste, _____ er ihr schnell seine

Telefonnummer. Danach _____ sie manchmal zusammen aus. Heute ist Annette schon
seit drei Jahren mit Ralf verheiratet und sie haben eine kleine Tochter. Gut, dass sie an dem Morgen
im März unpünktlich _____!

d) Alles richtig? Hören Sie und überprüfen Sie Ihre Lösung in c).

04

8 **Unregelmäßige Verben.** Ergänzen Sie in Ihrem Heft die Tabelle mit den unregelmäßigen Verben aus 7.

Infinitiv	3. Person Singular, Präsens	3. Person Singular,
beginnen		
kommen		kam
sein	ist	
sitzen		saß

9 **Wettergedicht**

a) Ergänzen Sie die passenden unregelmäßigen Verben mit Ihrer Tabelle aus 8.

Als wir den Zug nach Berlin nahmen,

als wir aus der Schule *kamen*........,

als wir ein Schokoladeneis aßen,

als wir zum ersten Mal im Kino ....,

als die Ferien anfingen,

als wir im Sommer schwimmen ....,

als wir an der Haltestelle standen,

als wir unseren ersten Job ....,

als wir die Anzeige sahen,

als wir im Fotokurs ....,

schien die Sonne.

b) Ergänzen Sie nun den zweiten Teil des Gedichts mit passenden regelmäßigen Verben im Präteritum.

Als du einen Flug nach Istanbul buchtest,

als du deine Brille ... *suchtest* ...,

als du über einen Witz lachtest,

als du deine Prüfung ....,

als du nach dem Weg fragtest,

als du „Auf Wiedersehen" ....,

als du deine Schwester störtest,

als du viel zu laut Musik ....,

als du nach Hause gehen wolltest,

als du mich abholen ....,

regnete es.

10 **Wie gut kennen Sie die deutsche Geschichte?**

Der Zweite Weltkrieg beginnt

a) **Lesen Sie die Überschriften und ordnen Sie die Daten aus b) zu.**

a) ☐ 1

Sommermärchen: Berlin feiert das Ende der Fußball WM in Deutschland

Die Mauer fällt   c) ☐   b) ☐

Deutschland ist wiedervereinigt   e) ☐

Die Regierung der DDR baut eine Mauer durch Berlin

d) ☐   f) ☐   Zweiter Weltkrieg endlich zu Ende

b) **Schreiben Sie passende Fragen im Präteritum.**

1. *Wann begann der Zweite Weltkrieg?* ....   Am 1. September 1939.

2. ....   Am 8. Mai 1945.

3. ....   Am 13. August 1961.

4. ....   Am 9. November 1989.

5. ....   Am 3. Oktober 1990.

6. ....   Am 6. Juli 2006.

11 **Ach, du liebe Zeit!** **Welcher Kommentar passt? Ordnen Sie zu.**

a — *Das gab es früher nicht* ☐

b — *Der Urlaub auf Bali war viel zu kurz!* ☐

c — *Sind die Briefe noch nicht fertig?* ☐

d — *Ich war beim Friseur.* ☐

e — *Wir sollen 200 Euro mehr Miete zahlen!* ☐

f — *Peter will sich von mir trennen!* ☐

1. Das kenne ich. Wenn etwas schön ist, vergeht die Zeit wir im Flug.
2. Das war auch höchste Zeit! Du siehst so viel besser aus.
3. In einem Jahr sieht die Welt schon ganz anders aus. Die Zeit heilt alle Wunden.
4. Ach ja, als du noch jung warst … Die Zeiten ändern sich!
5. Alles zu seiner Zeit. Ich habe auch nur zwei Hände.
6. Ach du liebe Zeit! Könnt ihr das noch bezahlen oder müsst ihr jetzt umziehen?

1 Leben in Deutschland

1 Arbeitszeiten

a) Lesen Sie die Broschüre und ordnen Sie die Überschriften zu.

a die Arbeitnehmer entscheiden   **b** anstrengender Wechsel   **c** das Arbeitszeitgesetz

1. ☐ Für viele Beschäftigte in Deutschland beginnt die Arbeitswoche nicht am Montagmorgen und sie endet auch nicht am Freitagnachmittag. Es gibt immer mehr Arbeitnehmerinnen und Arbeitnehmer, die auch am Wochenende und an Feiertagen arbeiten müssen. Und viele Beschäftigte arbeiten regelmäßig in drei Schichten. Das heißt, sie haben mal Frühschicht und arbeiten dann von ca. 6 bis 14 Uhr, mal Spätschicht von ca. 14 Uhr bis 22 Uhr oder auch Nachtschicht von ca. 22 Uhr bis morgens um 5 oder 6 Uhr. Diese Schichtarbeit ist sehr anstrengend.

2. ☐ Muss ich am Sonntag oder an einem Feiertag arbeiten? Muss ich Überstunden machen? Wie ist das mit den Pausenzeiten? Das Arbeitszeitgesetz regelt diese und andere Fragen in Deutschland.
Im Arbeitsvertrag steht, wie viele Stunden man in der Woche arbeiten muss. Im Durchschnitt arbeiten Vollzeit- beschäftigte pro Woche zwischen 37,5 und 40 Stunden – also etwa acht Stunden pro Tag. In vielen Unternehmen gibt es aber an manchen Tagen mehr zu tun und an anderen Tagen weniger. Die Arbeitszeit darf deshalb bis zu zehn Stunden pro Tag betragen. Man kann für diese Überstunden innerhalb der nächsten sechs Monate kürzer arbeiten oder frei nehmen, oder aber der Arbeitgeber bezahlt sie extra.

An Sonntagen und gesetzlichen Feiertagen haben Arbeit- nehmer und Arbeitnehmerinnen frei – von 0 bis 24 Uhr, so steht es im Arbeitszeitgesetz. Es gibt aber viele Ausnahmen. So dürfen zum Beispiel Ärzte und Ärztinnen, Kranken- schwestern und Krankenpfleger, Busfahrerinnen und Busfahrer oder Kellnerinnen und Kellner an Sonn- und Feiertagen arbeiten. Aber die Menschen, die in diesen Branchen arbeiten, müssen an mindestens acht bis 15 Sonntagen im Jahr frei haben.
Das Arbeitszeitgesetz sagt auch, wie lang die Pausenzeiten sein müssen. Bei mehr als sechs Stunden Arbeitszeit muss es eine halbstündige Pause geben. Bei neun Stunden Arbeitszeit bekommt man 45 Minuten Pause.

3. ☐ In vielen Firmen gibt es heute flexible Arbeitszeit. Hier ist die Dauer der täglichen, wöchentlichen oder monatlichen Arbeit festgelegt, aber die Beschäftigen entscheiden selbst, von wann bis wann sie arbeiten wollen. Oft gibt es aber eine Kernarbeitszeit (z. B. von 9 bis 15 Uhr), in der alle Arbeitnehmer/innen am Arbeitsplatz sein müssen. Aber nicht an allen Arbeitsplätzen ist flexible Arbeitszeit möglich – so z. B. bei Schichtarbeit oder in vielen Fabriken, die mit Maschinen arbeiten.

b) Lesen Sie die Broschüre noch einmal und ergänzen Sie die Zeiten.

1. Frühschicht: *von ca. 6 bis 14 Uhr*

2. Nachtschicht:

3. Wöchentliche Arbeitszeit Vollzeitbeschäftigte:

4. Maximale tägliche Arbeitszeit:

5. freie Sonntage pro Jahr:

6. Pausenzeit bei sechs bzw. neun Stunden Arbeit:

7. Kernzeit:

c Was passt zusammen? Verbinden Sie.

die Schichtarbeit 1
die Kernzeit 2
die Überstunden 3
flexible Arbeitszeit 4
die Pausenzeit 5

a Im Arbeitsvertrag steht, wie viele Stunden man pro Woche arbeiten muss. Manchmal muss man aber mehr Stunden arbeiten.

b Die Beschäftigten können selbst entscheiden, wann sie morgens zur Arbeit kommen und wann sie abends nach Hause gehen.

c Im Arbeitsvertrag steht meistens, wann man essen und sich erholen darf. Diese Zeit gehört nicht zur Arbeitszeit.

d Man arbeitet zu unterschiedlichen Zeiten – manchmal am Vormittag, am Nachmittag und in der Nacht.

e Die Beschäftigten müssen in dieser Zeit in der Firma bzw. an ihren Arbeitsplätzen sein.

2 Rund um die Uhr arbeiten

a) Hören Sie das Gespräch und ergänzen Sie die Tabelle.

05

	Beruf: Welcher?	Arbeitszeiten?	Was ist positiv?	Was ist negativ?
Carlos		*Schichtarbeit: 2 Tage frei, dann*		
Deniz				

b) Und Sie? Schreiben Sie einen Text über Ihre Erfahrungen mit Arbeitszeiten.

zu früh? – zu spät? – zu lang? – zu wenig Stunden? – ...

2 Alltag

1 **Immer diese Probleme im Alltag?!**

a) **Lesen Sie den Blogbeitrag und markieren Sie alle Probleme.**

www.jochenstag.de/blog

Über mich   Kontakt   Gästebuch   Blog

Mein Tag

Ich frage mich oft: Lieber Jochen, warum passiert dir das immer? Ich hatte heute wirklich nur Stress! Auf dem Weg zum Bahnhof hatte ich gleich eine <mark>Fahrradpanne</mark>. Eine Kollegin hat mich gesehen und mit dem Auto mitgenommen. Sie fährt immer über die Autobahn ins Zentrum. Da gab es einen langen Stau und wir kamen zehn
5 Minuten zu spät ins Büro. Unser Chef wartete schon auf uns. Er war ziemlich sauer, weil wir um acht Uhr einen Termin mit einem wichtigen Kunden hatten. Der Kunde kam aber erst um halb neun, weil er auch im Stau war. Naja, so hatten wir noch etwas Zeit und wir haben noch einmal über unsere Strategie für das Gespräch mit dem Kunden gesprochen.

In der Mittagspause wollte ich dann noch schnell etwas einkaufen. Natürlich stand ich an der Kasse im Super-
10 markt in der längsten Warteschlange, weil eine junge Frau vor mir nicht genug Geld dabei hatte. Sie hat ziemlich lange nach Kleingeld gesucht. Ich war natürlich total gestresst, weil ich noch etwas essen und nicht schon wieder zu spät an meinem Schreibtisch sein wollte. Endlich öffnete eine andere Kasse und da war ich der Erste. Als ich im Imbiss war, rief mich mein Chef an. Es ging noch einmal um den Kunden von heute morgen. Unsere Präsentation hat ihm sehr gefallen und er wollte unsere neue Maschine kaufen. Ich sollte die Formulare für den
15 Kauf sofort fertig machen und meinem Chef bringen. Natürlich war gerade heute der Drucker kaputt! Das hat mich fast verrückt gemacht! Irgendwie habe ich ihn dann doch noch repariert und alle waren zufrieden. Ich möchte gar nicht wissen, was morgen alles passiert. Mein Fahrrad ist immer noch kaputt. Ich muss also den Bus zum Bahnhof nehmen. Bestimmt hat der Verspätung!

b) **Lesen Sie nun den Kommentar. Was meint die Leserin? Unterstreichen Sie in a).**

1 Kommentar	
Gärtnerin77	Mal ehrlich: Dein Tag war nicht nur stressig. Vielleicht solltest du mehr auf dein Glück und deinen Erfolg achten ;-)

c) **Ergänzen Sie die Tabelle. Hatte Jochen mehr Pech oder mehr Glück?**

Pech & Pannen	Glück & Erfolg
Fahrradpanne	Kollegin nimmt ihn mit
Stau auf der Autobahn, zu spät	Kunde kommt 30 Min. zu spät

2 **Warum ist das passiert?** Schreiben Sie Gründe mit *darum*, *deshalb* oder *deswegen*.

1. Er hatte eine Fahrradpanne, *deswegen nahm eine Kollegin ihn mit.*
   Eine Kollegin nahm Jochen mit.

2. Sie standen im Stau, *darum*
   Sie kamen zu spät zur Arbeit.

3. Der Kunde hatte auch Verspätung,

   Sie hatten etwas Zeit für die Verkaufsstrategie.

4. Im Supermarkt suchte eine Frau lange nach Kleingeld,
   Jochen musste lange warten.

5. Eine andere Kasse öffnete,
   Jochen konnte gleich bezahlen.

6. Der Kunde wollte die Maschine kaufen,
   Der Chef rief Jochen an.

3 **Alles nicht so schlimm!**

06 **a) Sie hören einen Podcast von Hannes zum Thema Stress. Worüber spricht er?**
   Lesen Sie die Themen und kreuzen Sie beim Hören an.

1. ☐ am Wochenende putzen müssen   5. ☐ einen chaotischen Freund haben
2. ☐ lange im Stau stehen   6. ☐ keinen Platz im Bus finden
3. ☐ Streit mit der Freundin haben   7. ☐ Lärm ertragen
4. ☐ eine Prüfung haben   8. ☐ einen Parkplatz suchen

b) Hören Sie den Podcast noch einmal. Was ist für Hannes mehr oder weniger Stress?
   Tragen Sie passende Situationen aus a) wie im Beispiel ein.

einen Parkplatz suchen

← kein Stress ————————————————————————————————— totaler Stress →

4 **Das stört mich (nicht).** Welche Aussagen passen zusammen? Ordnen Sie zu.

1. ☐ Es ist mir ziemlich egal, wenn es am Samstag im Supermarkt sehr voll ist. ...
2. ☐ Es stört mich nicht, wenn ich mal etwas auf andere warten muss. ...
3. ☐ Im Stau stehen ist für mich kein Stress. Ich fahre früher los und habe immer ein Hörbuch dabei. ...
4. ☐ Ich reise viel mit der Bahn und ärgere mich natürlich, wenn die Züge Verspätung haben. ...
5. ☐ Ich bin Bauarbeiter und Lärm gewohnt. Bei der Arbeit stört es mich kaum, wenn es laut ist. ...

a) Aber es macht mich verrückt, wenn ich selbst zu spät komme.
b) Aber ich finde es noch schlimmer, dass es nicht immer für jeden Fahrgast einen Sitzplatz gibt.
c) Aber ich finde es nervig, wenn die Warteschlangen an der Kasse sehr lang sind.
d) Aber zu Hause macht mich das Handy von meinem Sohn verrückt. Er stellt es nie leise.
e) Aber ich rege mich furchtbar auf, wenn ich endlich ankomme und dann keinen Parkplatz finde.

5 **Bank oder Polizei?**

a) **Hören Sie die Dialoge. Zu welchem Bild passen Sie?**

07

Dialog 1 ☐   Dialog 2 ☐

a

b

c

b) **Hören Sie noch einmal. Welche Wörter hören Sie? Kreuzen Sie an.**

07

☐ die EC-Karte   ☐ die Rechnung   ☐ die Kontonummer
☐ die Quittung   ☐ die Kopie   ☐ die Anzeige
☐ der Diebstahl   ☐ der Personalausweis   ☐ das Geburtsdatum
☐ das Protokoll   ☐ die Geheimzahl   ☐ das Formular

c) **Wo braucht man das? Ordnen Sie die Wörter aus b) zu.**

bei der Bank	auf der Polizei
die EC-Karte	

6 **Wortverbindungen**

a) **Welche Nomen passen zu den Verben?**

> einen Anschlusszug – die Geheimzahl – Anzeige – eine Kreditkarte – ein Formular – die Strafe

1. .... ausfüllen   4. .... erstatten

2. .... zahlen   5. .... verpassen

3. .... eingeben   6. .... beantragen

b) **Was ist passiert? Beenden Sie die Sätze mit passenden Wortverbindungen aus a).**

1. Meine EC-Karte ist gesperrt. *Ich habe dreimal die falsche Geheimzahl eingegeben.*

2. Meine Kreditkarte ist weg. Ich war gerade auf der Bank und *habe eine neue* ....
....

3. Mein Zug hatte Verspätung und ....

4. Jemand hat mein Handy gestohlen. Ich war bei der Polizei und ....
....

5. Ich habe falsch geparkt und muss 15 Euro ....

6. Ich war gestern im Krankenhaus, aber zuerst ....

7 Die Polizei rät: Handy weg – und was jetzt?

a) Lesen Sie den Text und markieren Sie die Tipps.

Die Polizei rät

So schützen Sie sich und Ihre Handy-Daten

Die meisten Handys sind heute nicht einfach nur Telefone. Es sind kleine Computer, auf denen unsere Kontakte und viele private Daten wie Fotos, Notizen oder Videos gespeichert sind. Wenn das Handy dann plötz-
5 lich weg ist, ist das nicht nur teuer. Es ist auch sehr ärgerlich. Speichern Sie deshalb wichtige Handydaten regelmäßig zu Hause auf Ihrem Computer.
Ist das Handy einmal weg, rufen Sie sofort Ihren Telefonanbieter an, damit er die SIM-Karte sperrt. So kann
10 niemand Telefongespräche führen oder teure Apps herunterladen. Noch besser ist es, wenn Sie selbst Ihr Handy gleich nach dem Kauf sichern, zum Beispiel mit einer Geheimzahl. Bei manchen Geräten muss man

auch mit dem Finger auf dem Display Punkte in einer be-
15 stimmten Reihenfolge verbinden.
Viele wissen nicht, dass jedes Handy
20 eine eigene Gerätenummer hat: die
IMEI (International Mobile Equipment Identity). Geben Sie einfach die Kombination *#060# ein und notieren Sie die Nummer an einem sicheren Ort. Bei Diebstahl
25 sollten Sie auf jeden Fall bei der Polizei Anzeige erstatten. Mit Hilfe der IMEI bekommen Sie Ihr Telefon vielleicht doch noch zurück!

b) Machen Sie sich kurze Notizen (Nomen und Verb) zu den Tipps.

Handydaten auf Computer speichern,

8 Die Polizei rät: Augen auf und Tasche zu. Lesen Sie jetzt die Tipps gegen Taschendiebstahl und formulieren Sie freundliche Ratschläge wie im Beispiel.

Die Polizei rät

Die Zahl der Diebstähle ist in Großstädten, in öffentlichen Verkehrsmitteln und Fußgänger-zonen, auf Märkten, Messen und anderen Großveranstaltungen besonders hoch. So können Sie sich auch an Orten mit vielen Menschen vor Taschendieben schützen:

1. Schließen Sie immer Ihre Taschen. — *Sie sollten Ihre Taschen immer schließen.*
2. Hängen Sie Ihre Tasche nie über einen Stuhl. — *Sie sollten*
3. Tragen Sie Ihren Rucksack vorne.
4. Nehmen Sie nicht zu viel Geld mit.
5. Packen Sie nicht alles in eine Tasche.
6. Achten Sie auf die Menschen in Ihrer Nähe.

9 Milica hat Probleme. Das muss nicht sein!

a) Ordnen Sie die Probleme den Zeichnungen zu.

a ☐

b ☐

c ☐ 1

d ☐

e ☐

f ☐

b) Ordnen Sie die Ratschläge wie im Beispiel.

1. Ich habe viel zu wenig Zeit für meine Kinder.

   – *Du solltest weniger Überstunden machen.* ....
   Du – Überstunden – weniger – machen – sollen

2. Ich bin immer müde.

   ....

   Du – ins – früher – abends – können – gehen – Bett

3. Ich streite mich oft mit meinem Mann über den Haushalt.

   ....

   Ihr – machen – einen – sollen – Wochenplan

4. Ich habe in der letzten Zeit meistens keine Lust zum Volleyballspielen.

   ....

   Du – Hobby – müssen – anderes – ein – finden.

5. In der Kantine gibt es immer dieselben Gerichte. Montags Nudeln mit Fleischsoße, Dienstags Gemüseauflauf, Mittwochs … .

   ....

   Du – mitnehmen –zuhause – manchmal – können – etwas – von

6. Meine Eltern in Kroatien sind sauer, weil sie unsere Kinder seit Weihnachten nicht gesehen haben.

   ....

   Ihr – müssen – einladen – öfter – sie – besuchen – oder

10 Stress und Langeweile am Arbeitsplatz. Was ist schlimmer?

a) Lesen Sie die Aussagen. Richtig (r) oder falsch (f)? Was meinen Sie?

1. Stress am Arbeitsplatz kann krank machen, Langeweile auch. ☐
2. Man hört in der letzten Zeit viel über das Thema Langeweile am Arbeitsplatz. ☐
3. Stress hört sich irgendwie auch nach Leistung an. Langeweile nicht. ☐
4. Die Gründe für Langeweile am Arbeitsplatz sind unbekannt. ☐
5. Überstunden helfen gegen Langeweile. ☐

b) Sie hören ein Interview mit einer Psychologin. Überprüfen Sie Ihre Angaben in a).

08

c) Hören Sie den Text noch einmal und sehen Sie sich die Textgrafik an. Ergänzen Sie die Informationen.

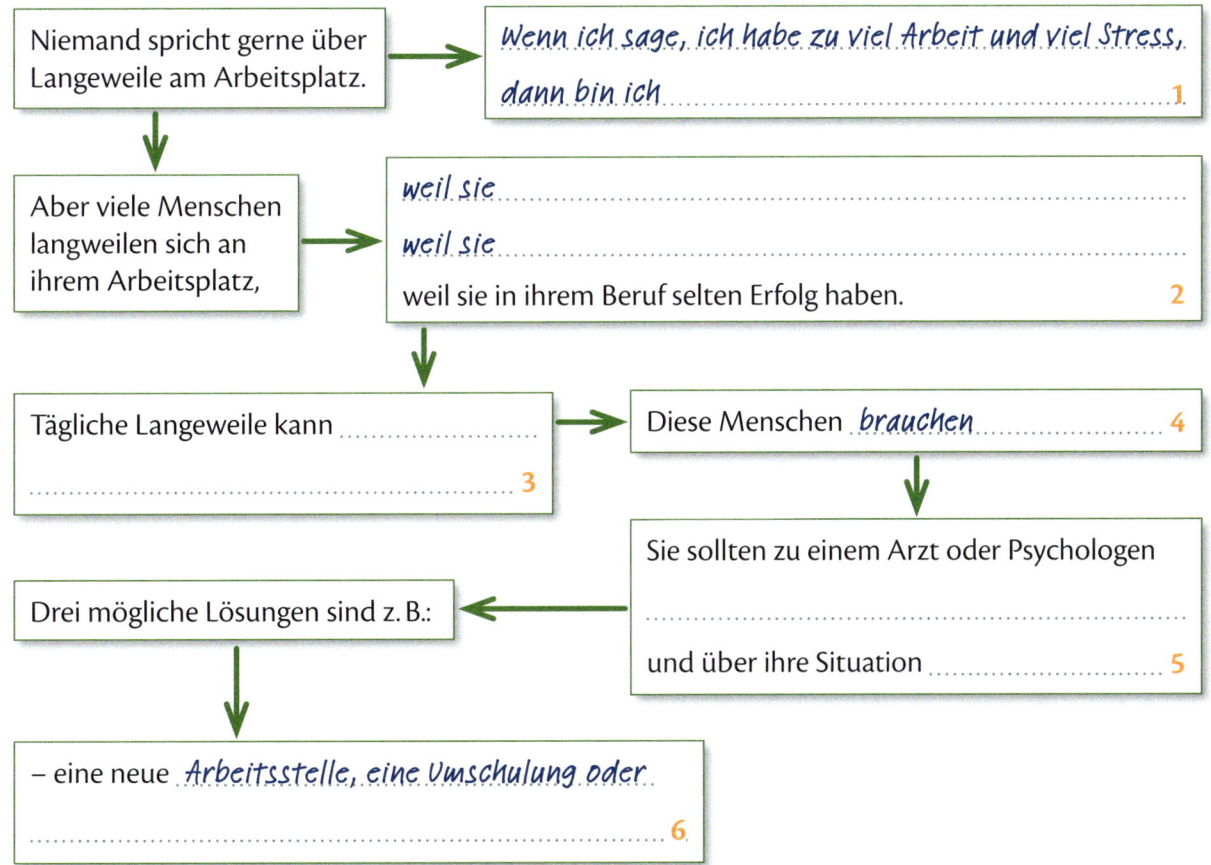

Niemand spricht gerne über Langeweile am Arbeitsplatz.

→ Wenn ich sage, ich habe zu viel Arbeit und viel Stress, dann bin ich **1**

Aber viele Menschen langweilen sich an ihrem Arbeitsplatz,

→ weil sie ....
weil sie ....
weil sie in ihrem Beruf selten Erfolg haben. **2**

Tägliche Langeweile kann **3**

→ Diese Menschen *brauchen* **4**

Sie sollten zu einem Arzt oder Psychologen ....
und über ihre Situation **5**

Drei mögliche Lösungen sind z. B.:

– eine neue *Arbeitsstelle, eine Umschulung oder* **6**

11 **Textkaraoke.** Langeweile oder schlechte Laune?

a) Hören Sie, sprechen Sie die 👄-Rolle und nehmen Sie sich mit dem Handy auf.

👂 …

👄 Sieht man das schon? Mir geht es auch ziemlich schlecht.

👂 …

👄 Nein, keine Sorge. Aber heute habe ich mich ganz besonders gelangweilt.

👂 …

👄 Seit ich nicht mehr arbeite, sind meine Tage sehr leer. Ich habe nichts mehr zu tun.

👂 …

👄 Ach nee. Vereine finde ich besonders langweilig. Und dann hat man auch gleich wieder so viele Termine …

👂 …

b) Hören Sie den kompletten Dialog und markieren Sie die betonten Wörter in der 👄-Rolle.

c) Vergleichen Sie Ihre Aufnahme mit dem Dialog. Haben Sie die Wörter auch betont?

1 Beim Arzt

a) Was machen Ärzte und Ärztinnen? Ordnen Sie die Bilder den Sätzen zu.

1. **c** Sie impfen Patienten zum Beispiel gegen die Grippe.
2. ☐ Sie messen den Blutdruck.
3. ☐ Sie verschreiben Medikamente.
4. ☐ Sie untersuchen den Bauch oder die Brust.
5. ☐ Sie nehmen Blut ab und schicken es zur Untersuchung.
6. ☐ Augenärzte kontrollieren die Augen und überprüfen, ob man gut sehen kann.
7. ☐ Zahnärzte kontrollieren und behandeln die Zähne.
8. ☐ Sie geben Patienten Krankschreibungen.

b) Was passt zusammen? Verbinden Sie.

Wenn man zum Arzt geht, vereinbart man zuerst am Telefon einen ... **1**

Wenn man in die Arztpraxis kommt, gibt man der Arzthelferin seine ... **2**

Bei einem Termin bei einem Facharzt hat man von seinem Hausarzt oft eine ... **3**

Geht man zu einem neuen Arzt, will er/sie wissen, welche ... **4**

Wenn man krank ist, bekommt man vom Arzt eine ... **5**

a Überweisung.
b Krankschreibung.
c Termin.
d Gesundheitskarte.
e Medikamente man nimmt.

2 Gesund und fit bleiben. **Lesen Sie den Ratgeber und beantworten Sie die Fragen.**

1. Wie oft soll man den Check-up 35 machen lassen? ....

2. Warum ist tägliche Bewegung wichtig? ....

3. Was gehört zu einer gesunden Ernährung? ....

4. Was passiert, wenn man nicht genug schläft? ....

Gesund und fit bleiben – So geht's!

1. Gehen Sie regelmäßig zum Gesundheits-Check-up!
Sie sind 35 Jahre alt? Auch wenn Sie gesund sind und sich fit fühlen, sollten Sie den Check-up 35 alle zwei Jahre machen lassen. Er ist kostenlos. Mit den Untersuchungen kann man Krankheiten früh erkennen.

2. Bewegen Sie sich regelmäßig im Freien!
Die tägliche Bewegung an der frischen Luft hält fit und stärkt das Immunsystem. Ausdauertraining verhindert viele Krankheiten und hilft auch bei Depressionen. Besonders gut sind das Gehen und Wandern. Ärzte empfehlen täglich mindestens 10.000 Schritte, das sind ungefähr sechs bis sieben Kilometer.

3. Achten Sie auf die richtige Ernährung!
Ärzte sind sich einig, dass eine gesunde Ernährung sehr wichtig für die Gesundheit ist. Man sollte täglich Gemüse, Salat und Obst essen. Vermeiden Sie aber Lebensmittel mit viel Zucker. Und trinken Sie jeden Tag mindestens 1,2 bis 2 Liter – vor allem Wasser und Tee. Und noch ein Tipp: Setzen Sie sich beim Essen hin, schalten Sie den Fernseher aus und legen Sie das Handy weg.

4. Schlafen Sie genug!
Ein erwachsener Mensch braucht durchschnittlich sieben bis acht Stunden Schlaf. Wenn man zu wenig schläft, kann man nicht so gut arbeiten und ist häufiger krank. Übrigens: Man schläft besser, wenn man in einem ganz dunklen Raum liegt.

3 Wörter in Paaren lernen. **Was passt zusammen? Verbinden Sie.**

Medikamente	1	a	stärken
den Blutdruck	2	b	achten
das Immunsystem	3	c	verschreiben
die Augen	4	d	messen
auf die Ernährung	5	e	kontrollieren

4 Und Sie? **Welche Erfahrungen haben Sie mit dem deutschen Gesundheitssystem gemacht? Schreiben Sie.**

Ich habe bis jetzt gute Erfahrungen gemacht. Ich habe einen netten Hausarzt. Aber ich muss meistens lange warten. Das gefällt mir nicht.

Redemittel

über Erfahrungen mit dem Gesundheitssystem sprechen
Ich gehe oft/selten zum Arzt.
Ich habe gute/schlechte Erfahrungen mit ... gemacht.
Ich habe festgestellt, dass ... / Ich habe die Erfahrung gemacht, dass ...

1 Jungen und Mädchen

a) Wer spielt womit? Sehen Sie sich das Spielzeug an.
Was verbinden Sie eher mit einem Jungen (J)?
Was eher mit einem Mädchen (M)?

der Teddybär

b) Schreiben Sie Aussagen zu Ihrer Zuordnung in a) in Ihr Heft.

Ich denke (nicht), dass Ich bin (nicht) der Meinung, dass Ich finde (nicht), dass Ich glaube (nicht), dass	ein Feuerwehrauto eine Spielküche eine Bahn aus Holz ein Teddybär ein Spielzeugpferd ein Fußball ein Bauernhof	typisch für Jungen/Mädchen ist. besser zu Jungen/Mädchen passt. Jungen/Mädchen mehr Spaß macht als Mädchen/Jungen.

c) Wem gehört das Spielzeug? Hören Sie das Radiointerview und kreuzen Sie an.

11

	Max	Juli
1. die Küche	☐	☐
2. der Bauernhof	☐	☐
3. das Feuerwehrauto	☐	☐
4. das Pferd	☐	☐
5. der Fußball	☐	☐
6. der Teddybär	☐	☐
7. die Holzbahn	☐	☐

d) Max, Juli oder beide? Wer spielt mit dem Spielzeug? Hören Sie das Interview noch
einmal und ergänzen Sie die Tabelle.

11

Küche	Bauernhof	Feuerwehrauto	Pferd	Fußball	Teddybär	Holzbahn
beide						

2 Mann oder Frau?

a) Was meinen Sie? Lesen Sie die Fragen und kreuzen Sie an.

	Mann	Frau
1. Wer machte die erste längere Fahrt mit einem Auto?	☐	☐
2. Wer gründete den ersten deutschen Frauenfußballverein?	☐	☐
3. Wer gibt im Jahr durchschnittlich fast 500 Euro für Kosmetikprodukte aus?	☐	☐
4. Wer bezahlte in Deutschland bis 2012 mehr Geld für die Autoversicherung?	☐	☐

b) Lesen Sie schnell und ordnen Sie die Fragen aus Aufgabenteil a) dem passenden Text zu.

a ☐

Man(n) kann es kaum glauben: Viele Männer kaufen eigentlich ganz gerne ein und fragen auch die Verkäuferin. Zum Beispiel, wenn sie einen neuen Duft für sich suchen oder eine Pflegecreme für das Gesicht. Aber noch sind Männer auf dem Kosmetikmarkt eine ziemlich neue Zielgruppe. Trotzdem haben sie im letzten Jahr pro Kopf im Durchschnitt monatlich schon über 40 Euro für Pflegeprodukte ausgegeben, wie die verschiedenen Marktstudien nun gezeigt haben. Denn moderne Männer wollen gepflegt aussehen und auch gut riechen!

b ☐

Es war am 5. August 1888. In der Mannheimer Waldhofstraße stand Bertha Benz früh auf. Ihr Mann schlief noch, als sie ohne sein Wissen mit ihren beiden Söhnen zu den Großeltern in das etwa 100 km entfernte Pforzheim fuhr. Die Strecke war nicht einfach, denn es gab noch keine Tankstellen und die Straßen waren schlecht. Trotzdem sind sie gut angekommen. Am Abend schickte sie ihrem Mann eine Nachricht: „Lieber Carl! Erste Fernfahrt war ein Erfolg. Wir sind in Pforzheim!"

c ☐

Frauen fahren nicht nur vorsichtiger als Männer, sie haben auch weniger Verkehrsunfälle. Deshalb mussten junge Frauen bis vor wenigen Jahren auch nicht so viel für die Autoversicherung bezahlen wie junge Männer. Sind Frauen also die besseren Autofahrer? „Nicht unbedingt.", meint der Verkehrsexperte Dr. Specht. „Sicher ist, dass Frauen weniger Unfälle haben, weil sie nicht so aggressiv fahren. Allerdings fahren sie im Durchschnitt auch nicht so viel wie die Männer."

d ☐

Was Männer können, können wir auch!", dachte Lotte Specht. Die sportbegeisterte 19-Jährige aus Frankfurt am Main setzte zu Beginn des Jahres 1930 eine Anzeige in die Zeitung und suchte so andere junge Frauen, die sich auch für Fußball interessierten. Zur Vereinsgründung trafen sie sich in einer Kneipe. Natürlich gab es anfangs viel Kritik, auch in den Zeitungen. Nur eine Journalistin, die für die Frankfurter Nachrichten arbeitete, schrieb: „Wir Frauen treiben den Sport, den wir wollen, und nicht den, den uns die Männern erlauben."

c) Lesen Sie die Texte noch einmal und überprüfen Sie Ihre Angaben in a).

3 Berufsbezeichnungen: Männlich oder weiblich? Hören Sie und notieren Sie die Berufe. Ergänzen Sie dann die männliche oder weibliche Bezeichnung.

12

♂	♀	♂	♀
1. Krankenschwester –		4. .... –	
2. .... –		5. .... –	
3. .... –		6. .... –	

4 **Wortverbindungen aus dem Alltag**

a) **Welches Verb passt? Ordnen Sie zu.**

> bleiben – einkaufen – gehen – kommen – ~~sein~~ – machen

1. im Bett ....
2. sich auf den Weg ....
3. von der Arbeit ....

4. von Beruf *sein* ....
5. für die Woche ....
6. ins Bett ....

b) **Ergänzen Sie den Text mit passenden Wortverbindungen aus a).**

Birgit und Olaf Heise leben und arbeiten in Heidelberg. Birgit *ist* Krankenschwester *von Beruf* .
Wenn sie Nachdienst hatte, ist sie morgens sehr müde und .... immer gleich
.... Ihr Mann Olaf hat sich dann meistens schon .... zur Arbeit
.... Er ist Verkehrspolizist. Und wenn er .... nach Hause
......................, ist Birgit schon wieder im Krankenhaus. Nur an zwei Wochenenden im Monat
haben beide frei. Dann .... sie am Samstag etwas länger .... und
.... nach dem Frühstück gemeinsam .... Am
Nachmittag machen sie die Wäsche und putzen die Wohnung.

5 **Mein Beruf muss mir Spaß machen!**

a) **Lesen Sie den Text und bereiten Sie ein Interview mit Frau Tengelmann vor. Wählen Sie zwei Fragen aus, die Sie interessant finden.**

Elisabeth Tengelmann (46) ist beruflich viel unterwegs. Als sie vor 25 Jahren heiratete, fing sie im Taxiunternehmen ihres Mannes an und machte dort den Telefondienst. 2004 wurde ihr Mann sehr krank. Sie musste nun auch selbst Taxi fahren, um genug Geld zu verdienen. Weil die Söhne noch zur Schule gingen, arbeitete sie oft nachts. Aber der Nachtdienst war immer besonders anstrengend. Am Tag hat sie dann den Betrieb geleitet, sich um die Buchhaltung gekümmert, den Haushalt gemacht und ihren Mann gepflegt. Als er 2010 starb, waren die Söhne schon auf der Uni, die Taxen schon alt, und die Bank wollte viel Geld für einen Kredit für zwei neue Autos. Elisabeth konnte die Firma nicht weiter führen und musste beruflich noch einmal ganz neu anfangen.

1. ☐ Was hat Frau Tengelmann mit dem Taxiunternehmen gemacht?

....

2. ☐ Was hat sie für den beruflichen Neuanfang getan?

....

3. ☐ Was findet sie an Ihrem neuen Beruf so interessant?

....

4. ☐ Wie fanden die Söhne die Entscheidung ihrer Mutter?

....

13 **b) Hören Sie, was Frau Tengelmann im Interview gesagt hat. Notieren Sie die Antworten auf die Fragen, die Sie in a) ausgewählt haben.**

13 **c) Hören Sie das Interview noch einmal und beantworten Sie die anderen Fragen.**

6 Da bin ich anderer Meinung! Antworten Sie auf die Aussagen und ergänzen Sie eine passende Begründung wie im Beispiel.

a) Kindererziehung ist auch Arbeit.
b) Die meisten Köche sind Männer.
c) Sie kaufen auch Kosmetikartikel.
d) Ich finde meine Chefin super.
e) Frauen haben weniger Verkehrsunfälle.
f) Meine Freundin ist Informatikerin.
g) Fußball ist Männersache.

Redemittel

jemandem widersprechen
Das stimmt doch nicht. / Das sehe ich ganz anders.
Das kann man so nicht sagen. / Das ist doch ein Klischee.
Das ist so nicht richtig. / Da bin ich anderer Meinung.

1. Frauen verstehen nichts von Computern und Technik. [f]

   Das ist doch ein Klischee! Meine Freundin ist Informatikerin.

2. Die besten Chefs sind immer Männer. [ ]

   ....

3. Männer sind die besseren Autofahrer. [ ]

   ....

4. Männer können nicht kochen. [ ]

   ....

5. Männer interessieren sich nicht für ihr Aussehen. [ ]

   ....

6. Die deutsche Frauennationalmannschaft ist erfolgreicher als die der Männer. [ ]

   ....

7. Männer im Erziehungsurlaub sind zu faul zum Arbeiten. [ ]

   ....

7 Infinitiv mit *zu*

14 **a) Britta wird 50. Hören Sie, was Sie sich für die Zukunft wünscht. Kreuzen Sie an.**

1. [ ] gesund bleiben
2. [ ] mehr Geld verdienen
3. [ ] eine Wohung kaufen
4. [ ] viele Reisen machen
5. [ ] ein teures Auto fahren
6. [ ] viel Zeit für Freunde haben
7. [ ] öfter Sport treiben
8. [ ] einen neue Sprache lernen

b) Was finden Sie (nicht so/auch) wichtig? Schreiben Sie fünf Sätze wie im Beispiel.

Für mich ist es nicht so wichtig, viele Freunde zu haben.
Für mich ist es sehr wichtig, ...

8 **Wie oft vergessen Sie, …?**

a) **Welches Verb passt? Verbinden Sie.**

die Wäsche	**1**		**a**	machen
meine Passwörter	**2**		**b**	einkaufen
meine Rechnungen	**3**		**c**	bringen
Lebensmittel	**4**		**d**	waschen
die Briefe zur Post	**5**		**e**	notieren
meine Hausaufgaben	**6**		**f**	bezahlen

b) **Ergänzen Sie die Sätze mit den Angaben aus a). Benutzen Sie den Infinitiv mit *zu*.**

1. Ich vergesse nie, ...

2. Ich vergesse manchmal, ...

3. Ich vergesse oft, ...

4. Ich vergesse selten, ...

5. Ich vergesse immer öfter, ...

6. Ich vergesse immer, ...

9 **Gegenteile. Claudia ist in Peter verliebt. Marie kennt ihn ziemlich gut und mag ihn nicht besonders. Was denkt sie? Ergänzen Sie wie im Beispiel.**

Peter ist so humorvoll.

Er ist humorlos.

Claudia

Marie

1. Peter ist ein sportlicher Typ. ....

2. Mir gefällt besonders, dass er so ehrlich ist. ....

3. Und er ist unkompliziert. ....

4. In seinem Beruf ist er sehr erfolgreich. ....

5. Aber Geld ist für ihn unwichtig. ....

6. Ach, und er ist ein so romantischer Typ. ....

10 **Die große Liebe**

a) **Charaktereigenschaften: Welche Adjektive klingen positiv? Kreuzen Sie an.**

1. ☐ ehrlich   **4.** ☐ unkritisch

2. ☐ selbstbewusst   **5.** ☐ gefühllos

3. ☐ humorvoll   **6.** ☐ unkompliziert

b) Was bedeuten die Adjektive aus a)? Ordnen Sie zu.

a) ☐ Ich bin ein fröhlicher Mensch und lache viel und gerne.
b) ☐ Ich habe keine eigene Meinung.
c) ☐ Ich weiß, was ich kann und was ich will.
d) ☐ Ich erfinde keine Geschichten und habe auch keine Geheimnisse.
e) ☐ Ich verstehe mich mit fast allen Menschen gut.
f) ☐ Ich kann nicht gut mit Emotionen umgehen.

c) Lesen Sie die Anzeigen. Welcher Partner passt am besten zu A und B? Ordnen Sie zu.

A ☐
Das Leben ist schon ernst genug! Ich (44/1,72) geschieden, kinderlos, suche einen humorvollen, ehrlichen und unkomplizierten Mann bis 50 für eine romantische Beziehung und eine gemeinsame Zukunft.

B ☐
Du bist gerne in der Natur und interessierst dich für andere Kulturen? Dann möchte ich dich kennenlernen. Ich (28/1,86) bin sympathisch, sportlich und selbstbewusst und suche einen netten Mann, der mit mir Neues erleben will.

www.lonelyhearts.com

1 Du bist auch am liebsten draußen, sportlich und reist gerne? Ich bin begeisterter Radfahrer (35, 1,92), unternehme viel, habe einen großen Freundeskreis und suche eine sympathische Partnerin, die genau weiß, was sie will und ehrlich sagt, was sie meint.

_____

2 Lust auf Gefühle, Zeit zum Lesen, Reisen und einfach nur Zusammensein? Ich bin eher ein ruhiger Typ, 48, beruflich erfolgreich und vermisse eine unkomplizierte Partnerin, die weiß, was sie will und der ich bei einem guten Wein von meinem Tag erzählen kann.

_____

3 Ich (47, 1,78, 85) bin nicht besonders sportlich, selbstbewusst, beruflich sehr viel unterwegs und suche eine attraktive Frau ohne Geheimnisse in meinem Alter, die auch gerne lacht, für eine ruhige und romantische Wochenendbeziehung. Meldest du dich?

11 Ich höre das, was du nicht sagst!

a) Hören Sie die Aussagen und ordnen Sie passende Bedeutungen zu.

15

Er/Sie meint:	Er/Sie sagt,
1. ☐ Ich möchte einkaufen gehen.	*dass sie nichts mehr zum Anziehen hat*
2. ☐ Wir sollten auch mal in Urlaub fahren.	....
3. ☐ Wir könnten mal wieder essen gehen.	....
4. ☐ Back mal wieder meinen Lieblingskuchen.	....

b) Hören Sie die Aussagen noch einmal und ergänzen Sie die rechte Spalte wie im Beispiel.

3 Leben in Deutschland

1 Berufliche Weiterbildung

a) **Wo würden Sie gern nach dem Sprachkurs arbeiten? Was sind Ihre beruflichen Ziele? Schreiben Sie.**

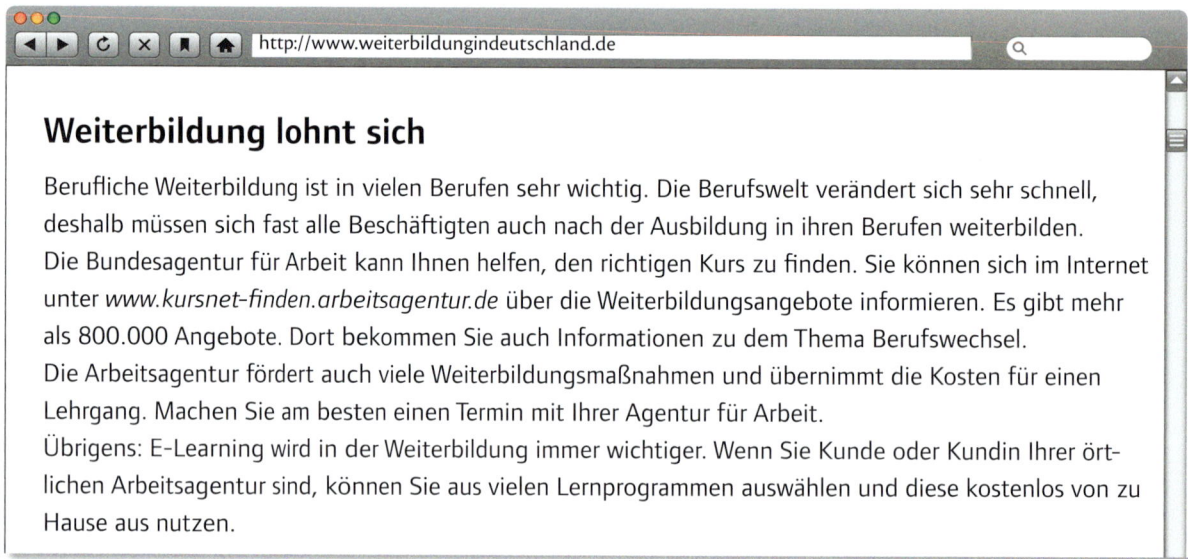

Redemittel

über berufliche Ziele sprechen

Ich möchte gern als … arbeiten.

Ich habe … gelernt, deshalb möchte ich am liebsten in

einem Restaurant/Krankenhaus/Handwerksbetrieb/… arbeiten.

Ich möchte nach dem Sprachkurs eine Weiterbildung/Umschulung zum/zur … machen.

Ich habe eine Ausbildung zum/zur … gemacht und möchte deshalb …

Mein Ziel ist es, … / Ich hoffe, dass ich …

b) **Lesen Sie den Text und beantworten Sie die Fragen in Ihrem Heft.**

http://www.weiterbildungindeutschland.de

Weiterbildung lohnt sich

Berufliche Weiterbildung ist in vielen Berufen sehr wichtig. Die Berufswelt verändert sich sehr schnell, deshalb müssen sich fast alle Beschäftigten auch nach der Ausbildung in ihren Berufen weiterbilden. Die Bundesagentur für Arbeit kann Ihnen helfen, den richtigen Kurs zu finden. Sie können sich im Internet unter *www.kursnet-finden.arbeitsagentur.de* über die Weiterbildungsangebote informieren. Es gibt mehr als 800.000 Angebote. Dort bekommen Sie auch Informationen zu dem Thema Berufswechsel. Die Arbeitsagentur fördert auch viele Weiterbildungsmaßnahmen und übernimmt die Kosten für einen Lehrgang. Machen Sie am besten einen Termin mit Ihrer Agentur für Arbeit. Übrigens: E-Learning wird in der Weiterbildung immer wichtiger. Wenn Sie Kunde oder Kundin Ihrer örtlichen Arbeitsagentur sind, können Sie aus vielen Lernprogrammen auswählen und diese kostenlos von zu Hause aus nutzen.

1. Warum ist Weiterbildung für fast alle Menschen wichtig?
2. Wo kann man sich über Weiterbildungsangebote informieren?
3. Wer sagt einem, ob die Teilnahme an einer Weiterbildung kostenlos ist?
4. Wer kann das E-Learning-Angebot nutzen?

Weil die Berufswelt …

c) **Hören Sie ein Gespräch über eine Weiterbildung und kreuzen Sie an: richtig oder falsch? Korrigieren Sie die falschen Sätze.**

16

	richtig	falsch
1. Eleni macht eine Fortbildung in der Pflege.	☐	☐
2. Sie nimmt an einem E-Learning-Kurs teil.	☐	☐
3. Sie muss immer zu Hause am Computer lernen.	☐	☐
4. Es gibt keine Lehrer.	☐	☐
5. Wenn sie eine Frage hat oder etwas nicht versteht, kann sie eine E-Mail schreiben.	☐	☐
6. Sie nimmt regelmäßig an Online-Chats mit anderen Kursteilnehmern teil.	☐	☐
7. Man muss den Kurs in 90 Stunden beenden.	☐	☐
8. Wenn Eleni die Prüfung besteht, bekommt sie ein Zertifikat.	☐	☐

2 **Weiterbildungsangebote.** Lesen Sie die Situationen und dann die Anzeigen.
Welche Anzeige passt zu welcher Situation?

1 ☐ Ihr Freund möchte im öffentlichen Nahverkehr arbeiten. Er hat den Führerschein Klasse B.
2 ☐ Ihre Freundin möchte bei der Arbeit mit PC-Software besser werden.
3 ☐ Ihr Kollege möchte im Bereich Lagerlogistik arbeiten. Die Ausbildung soll nicht lange dauern.

Die Betriebsfahrschule: Die VGG Frankfurt bildet U-Bahn- und Tram-Fahrer (w/m) aus

Sie sind mindestens 21 Jahre alt und haben einen Führerschein (Klasse B). Sie haben auch kein Problem mit wechselnden Arbeitszeiten (auch am Wochenende und an Feiertagen)! Die Ausbildung dauert sechs Wochen. An acht Stunden am Tag bekommen Sie theoretischen und praktischen Unterricht. Am Ende der Ausbildung gibt es eine schriftliche, mündliche und praktische Abschlussprüfung.

a

Die Betriebsfahrschule: die VGG Frankfurt bildet Omnibus-Fahrer (m/w) aus

Welche Voraussetzungen müssen Sie mitbringen:
– mindestens 21 Jahre alt
– Führerschein Klasse D
– gute Deutschkenntnisse
– Bereitschaft zur Schichtarbeit – auch an Wochenenden und an Feiertagen.
Nach einem 4-wöchigen Lehrgang und erfolgreicher Prüfung können Sie mit der Arbeit im Liniendienst beginnen.

d

Ausbildung zum/zur Gabelstaplerfahrer/in

Gabelstaplerfahrer/innen transportieren Waren mithilfe von Gabelstaplern. Sie arbeiten bei Speditionen und Logistikfirmen in Lagerhallen. Ein/e Gabelstaplerfahrer/in braucht eine besondere

Ausbildung zum Führen eines Gabelstaplers. Sie dauert mehrere Tage und besteht aus einem Theorie- und einem Praxisteil, am Ende gibt es eine Abschlussprüfung.
Beginn: monatlich, Termine auf Anfrage
Dauer: 3 Tage
Unsere Fortbildungen sind zertifiziert und erfüllen die Voraussetzung für eine Förderung durch die Arbeitsagentur für Arbeit.

b

Umschulung zum/zur Fachlagerist/in

Fachlageristen arbeiten in unterschiedlichen Betrieben und Speditionen. Sie sind in Lager- und Fabrikhallen tätig.
Fachlageristen und -lageristinnen nehmen Waren an und prüfen sie. Sie sortieren und lagern die Waren. Wenn Waren verschickt werden, verpacken Sie sie, füllen Papiere aus und laden LKWs.

Lehrgangsabschluss: Prüfung von der Industrie- und Handelskammer
Voraussetzung: Bildungsgutschein von der Agentur für Arbeit
Beginn: 10.10.2016
Dauer: 16 Monate inklusive Betriebspraktikum

e

Fernlehrgang „Geprüfter IT-Supporter/in"

Der Lehrgang ist für alle, die in einer IT-Abteilung im Support arbeiten wollen. Dort unterstützen Sie z. B. Mitarbeiter, wenn sie Probleme mit ihren PCs oder mit der Software haben.
Teilnahmevoraussetzung: sehr gute Computer-Kenntnisse
Lehrgangsdauer: ca. 21 Monate bei ca. 7 Stunden pro Woche
Erforderliche Arbeitsmittel: PC mit Windows 10 und Internetzugang
Studienabschluss: Wenn Sie den Lehrgang erfolgreich beenden, bekommen Sie ein Zeugnis.
Förderung: Dieser Fernlehrgang kann von der Agentur für Arbeit zu 100 % gefördert werden.

c

E-Learning-Kurs *PC-Praxis für den Beruf*

PC-Kenntnisse gehören heute zu den Schlüsselqualifikationen. Arbeitgeber erwarten, dass man einen PC sicher bedienen kann und die Bürosoftware (z. B. Word oder Excel) beherrscht. Der Lehrgang PC-Praxis ist ideal, wenn Sie einen leichten Einstieg in die berufliche Nutzung von PCs suchen und wenn Sie auf den aktuellen Stand kommen wollen.

Ihr Lernstoff: Einführung in PCs; Betriebssysten Windows und Software, Textverarbeitung mit Word 2013 und Outlook 2013

Voraussetzungen: Sie benötigen einen Standard-Multimedia-PC mit mind. Windows 8

Lehrgangsbeginn: jederzeit

f

1 Das Emsland in Zahlen

a) Lesen Sie und ergänzen Sie die Zahlen.

> 5 – 56 – 95 – 371 – ~~2881~~ – 51000 – 313500

Das Emsland ist eine circa ...2881... Quadratkilometer große Region im südwestlichen Niedersachsen. Die längste Strecke von der westlichen Grenze zu den Niederlanden an die östliche Grenze des Emslands ist .... Kilometer lang. Die Entfernung vom nördlichsten Punkt des Emslands zum südlichsten Punkt an der Grenze zum Bundesland Nordrhein-Westfalen ist mit .... Kilometern fast doppelt so weit. Aber in dieser großen Region leben nicht sehr viele Menschen und es gibt hier auch nur .... Städte: Lingen, Papenburg, Meppen, Haren und Haselünne. Die größte Stadt ist Lingen im südlichen Emsland mit etwa .... Einwohnern. Insgesamt leben .... Menschen im Emsland und die meisten leben in kleinen Städten und Dörfern auf dem Land. Den Namen hat das Emsland übrigens von der Ems, einem .... Kilometer langen Fluss, der mitten durch diese ländliche Region fließt.

b) Hören Sie und überprüfen Sie Ihre Lösung in a).

17

2 Das Emsland verändert sich

a) Lesen Sie die Texte rechts schnell und ordnen Sie jedem Text ein Foto zu.

1 ☐ Früher nannte man das Emsland auch das „Armenhaus Deutschlands", weil es lange fast keine Industrie gab. Bis 1970 lebten die meisten Emsländer auf kleinen Bauerhöfen von der Landwirtschaft [1]. Nachdem die Regierung der Bundesrepublik am 5. Mai 1950 den Emslandplan verabschiedete, wurde die Infrastruktur [2] in den folgenden Jahrzehnten stark verbessert und das Emsland entwickelte sich zu einer attraktiven Region für Industrie und Handwerk [3].

2 ☐ Neben den neuen Firmen, die in die Region kamen, gibt es bis heute noch viele Familienbetriebe. Die Arbeitslosigkeit ist sehr niedrig. Im Emsland werden heute z. B. Papier, Maschinen, Fahrzeuge [4] und große Luxusschiffe hergestellt. Es gibt auch eine moderne Teststrecke von Mercedes Benz.

3 ☐ Das moderne Emsland ist aber auch sehr traditionsbewusst [5]. Zahlreiche Heimatvereine pflegen die typische ländliche Kultur. In vielen Orten finden in Heimathäusern Ausstellungen, Theateraufführungen oder Vorlesungen statt. Manche Heimathäuser können auch für Familienfeiern [6] gemietet werden oder bieten Touristen eine günstige Möglichkeit zum Übernachten.

4 ☐ Besonders im Sommer kommen viele Besucher ins Emsland. Das Freizeitangebot ist groß. Man kann auf den Flüssen, Wander- und Radwegen Touren durch die schöne Landschaft machen und viele alte Dörfer und Gärten besichtigen. Unterwegs laden Bauerncafés zu einem Glas frischer Milch oder einer Tasse Kaffee oder Tee mit selbstgebackenem [7] Bauernbrot und Kuchen ein.

5 ☐ Aus dem „Armenhaus" wurde eine moderne Region, die ihren ländlichen Charme nicht verlieren möchte. Die Modernisierung brachte aber nicht nur Vorteile. Besonders eine Veränderung macht vielen Emsländern Sorgen: Früher sprach man hier fast immer und überall das für die Region typische Plattdeutsch [8]. Heute können die meisten jungen Menschen „Platt" nur noch verstehen, aber nicht mehr sprechen. Manche Kinder lernen die Sprache deshalb in der Schule.

b) Lesen Sie noch einmal. Was bedeuten die markierten Wörter? Ordnen Sie sie den Erklärungen zu.

a) ☐ Arbeitsgebiet der Bauern
b) ☐ Bäcker, Tischler, Maurer etc.
c) ☐ LKWs, Autos, Fahrräder
d) ☐ an traditioneller Lebensweise interessiert

e) ☐ traditionelle Sprache im Emsland
f) ☐ Hochzeiten, Geburtstage etc.
g) ☐ nicht industriell hergestellt
h) ☐ Ämter, Verkehr, Handel

🎧 18 **c) Herr Erdmann (E) und Frau Jürgens (J) sprechen über das Emsland. Wer sagt was? Lesen Sie zuerst die Aussagen, hören Sie dann zu und kreuzen Sie an.**

	E	J
1. Heute gibt es im Emsland nicht mehr so viele Bauernhöfe wie früher.	☐	☐
2. An der Schule gibt es Sprachunterricht in Plattdeutsch.	☐	☐
3. Das Emsland ist eine attraktive touristische Region.	☐	☐
4. Nur noch wenige Menschen sprechen die typische Sprache der Region.	☐	☐
5. Im Heimatverein gibt es ein regionaltypisches Kulturprogramm.	☐	☐
6. Das Leben auf dem Land ist günstiger.	☐	☐
7. In der regionalen Küche macht man noch vieles selbst.	☐	☐
8. Früher hatten fast alle Familien in den Dörfern etwas Landwirtschaft und ein paar Tiere.	☐	☐

3 **Nichts bleibt, wie es war.**

a) **Lesen Sie die Texte. Was ist das Thema? Kreuzen Sie an.**

1. ☐ Kinderarbeit früher und heute
2. ☐ Dorfschulen früher und heute
3. ☐ Kindheit auf dem Land früher und heute
4. ☐ Leben auf dem Land früher und heute

Martha Gerling (77): Als ich noch ein Kind war, war das Leben auf dem Land ganz anders als heute. Wir sind bei jedem Wetter zu Fuß zur Schule gegangen. Im Winter bei Schnee sind wir sogar mit dem Schlitten zur Schule gefahren – das hat Spaß gemacht! Nachmittags mussten wir den Eltern bei der Arbeit helfen. Das war ganz normal. Wir hatten ein paar Hühner und einen Obst- und Gemüsegarten. Meine Mutter hat mich auch manchmal zum Einkaufen in den Dorfladen geschickt. Und ich habe viel mit den Kindern aus der Nachbarschaft gespielt. Es gab immer viel zu tun, aber die Leute hatten auch immer Zeit für eine kurze Unterhaltung.

Laura Gerling (24): Meine Oma erzählt oft von früher. Vieles hat sich verändert. Aber unser Dorf ist ganz klein geblieben. Deshalb gibt es die Dorfschule nicht mehr und die Kinder fahren mit dem Bus in eine große Schule in der Stadt. Manche machen unterwegs Hausaufgaben, aber die meisten sind mit ihrem Smartphone beschäftigt. Zu Hause sitzen sie oft lange vor dem Fernseher oder Computer. Das kleine Geschäft im Dorf gibt es auch nicht mehr. Zum Einkaufen fährt man heute zum Supermarkt im Nachbarort. Ohne Auto geht hier fast nichts. Viele haben einen eigenen Garten, aber sie kaufen Obst und Gemüse lieber im Geschäft, weil das nicht so viel Arbeit macht. Heute haben es auch auf dem Land alle eilig.

b) **Früher oder heute? Lesen Sie noch einmal und ordnen Sie zu.**

1. Alle haben ein Auto und die Kinder fahren mit dem Schulbus. *heute* ....

2. Auch die Kinder arbeiten in der Landwirtschaft. ....

3. Das Gemüse kommt aus dem eigenen Garten. ....

4. Die Kinder spielen nicht oft draußen. ....

5. Die Leute haben mit ihren Nachbarn viel geredet. ....

6. An der Schule gibt es sehr viele Kinder. ....

c) **Schreiben Sie mindestens fünf Vergleiche wie im Beispiel.**

Früher sind die Kinder bei jedem Wetter zu Fuß in die Schule gegangen. Heute ....

....
....
....
....
....

4 **Ruhrgebiet und Fußball – das gehört zusammen wir Currywurst und Pommes!**

19 **a) Hören Sie zu. Über welche Themen spricht der Reporter?**

1. ☐ Anfänge des Fußballs in Deutschland
2. ☐ Bergarbeitersiedlungen
3. ☐ die Zeit der Industrialisierung
4. ☐ Arbeitsmigration
5. ☐ Freizeit
6. ☐ Traditionen im Ruhrgebiet

19 **b) Lesen Sie die Aussagen und hören Sie noch einmal. Welche Aussagen sind richtig? Kreuzen Sie an.**

1. ☐ Seit den 1920er Jahren hatten die Arbeiter mehr Zeit zum Fußballspielen.
2. ☐ Es gab am Anfang noch viele sogenannte Straßenmannschaften.
3. ☐ Die meisten Fußballvereine aus dem Ruhrgebiet wurden in Schrebergärten gegründet.
4. ☐ In den ersten Bergarbeitersiedlungen war Fußballspielen verboten.
6. ☐ Beim Fußball ist die Nationalität der Spieler unwichtig.
7. ☐ Die Geschichte des Fußballs und der Industrialisierung sind im Ruhrgebiet eng verbunden.

5 **Wortschatz „Ruhrgebiet". Lösen Sie das Rätsel und ergänzen Sie das Lösungswort. Der Text im Kursbuch auf S. 68 hilft.**

```
 1.  S  [ ]           O
 2.  B  R
 3.  C H      G       N
 4.  K     M
 5.  T A       N
 6.  B     F          E
 7.         R
 8.         R      T
 9.  U      P
10.  S  I   D        G  N
11.  [ ] O
```

1. „Auf Schalke gehen" bedeutet ins ... gehen.
2. Wer „unter Tage" arbeitet, arbeitet im ... .
3. In der Gartenkolonie trifft man sich im ... .
4. Im Bergbau nennt man Kollegen ... .
5. Die ... ist ein Treffpunkt für ein Bierchen.
6. Die ... ist das „Rennpferd des kleinen Mannes".
7. Der ... ist die Freizeit nach der Arbeit.
8. „Malocher" sind ... .
9. Das „Revier" wird auch ... genannt.
10. Viele Bergarbeiter lebten in ... .
11. Die ... nennt man auch „schwarzes Gold".

Am Anfang war das Ruhrgebiet sicher keine ☐ R ☐ ☐ ☐ F ☐ ☐ ☐ I ☐

6 **Warnhinweise**

a) **Was gehört zusammen? Ordnen Sie zu.**

1. ☐ Feuergefährlich
2. ☐ Achtung Absturz!
3. ☐ Achtung Laser!
4. ☐ Achtung Kälte!
5. ☐ Stolpergefahr
6. ☐ Achtung Strom!
7. ☐ Achtung Gift!

a b c d e f g

b) **Sehen Sie sich die Bilder an und ordnen Sie den Situationen passende Warnhinweise aus a) zu.**

  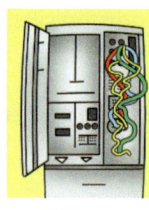    

1 ☐ 2 ☐ 3 ☐ 4 ☐ 5 ☐ 6 ☐ 7 ☐

7 **Ein Arbeitsunfall im Praktikum**

a) **Johannes hatte im Praktikum einen Arbeitsunfall. Sehen Sie das Bild an. Was glauben Sie, ist passiert?**

Johannes ist vielleicht ...

b) **Hören Sie seinen Unfallbericht und machen Sie Notizen zu den W-Fragen.**

20

1. Wann ist der Unfall passiert? ....
2. Wo ist der Unfall passiert? ....
3. Wie ist der Unfall passiert? ....
4. Welche Verletzungen hatte Johannes? ....
5. Wie lange wurde er krankgeschrieben? ....

b) **Lesen Sie den Informationstext und beantworten Sie die Frage.**

War Johannes als Praktikant bei der Berufsgenossenschaft versichert?

..., weil ...

Auch im Praktikum ist der Unfallversicherungsschutz wichtig. Dabei ist es egal, wie lange das Praktikum dauert und ob der Praktikant/die Praktikantin dafür Geld bekommt oder nicht, denn auch unbezahlte PraktikantInnen sind vom ersten bis zum letzten Tag des Praktikums am Arbeitsplatz und auch auf dem Weg zur Arbeit und zurück nach Hause versichert. Für ein Praktikum, das von der Schule organisiert wird, ist die Unfallversicherung der Schule verantwortlich. Bei einem freiwilligen Praktikum sind PraktikantInnen bei der Berufsgenossenschaft des Unternehmens versichert. Keinen Versicherungsschutz haben PraktikantInnen, wenn sie ein freiwilliges Praktikum im Ausland machen. Das ist meistens auch dann so, wenn der Arbeitgeber eine deutsche Firma ist.

8 **Testen Sie sich selbst!**

a) **Wie gut können Sie die Adjektivendungen schon?**

– ☐ Ich schaffe mindestens 90 %. – ☐ Ich schaffe mindestens 50 %.
– ☐ Ich schaffe mindestens 70 %. – ☐ Ich schaffe weniger als 50 %.

b) **Ergänzen Sie die fehlenden Endungen.**

Sicherheit am Arbeitsplatz

Die meist_____[1] Unfälle am Arbeitsplatz passieren, weil jemand einen klein_____[2] Fehler macht oder mal nicht richtig aufpasst. Ganz oben auf der Liste von typisch_____[3] Arbeitsunfällen stehen mit ca. 35 Prozent Unfälle durch Stolpern, Rutschen und Stürzen. Mitarbeiter verletzen sich am Arbeitsplatz, weil sie auf einem nass_____[4] Boden ausrutschen oder eine viel zu schwer_____[5] Kiste aus einem Regal ziehen. In anderen Fällen sind falsch_____[6] Routinen oder zu groß_____[7] Eile schuld. Besonders auf Baustellen kann es zu schwer_____[8] Arbeitsunfällen kommen, wenn Maschinen und Werkzeuge nicht richtig bedient oder die Regeln für Sicherheit am Arbeitsplatz nicht beachtet werden. Hundert Mal geht es gut und dann passiert doch ein schlimm_____[9] Unfall. Ein gebrochen_____[10] Bein oder eine tief_____[11] Schnittwunde führen leicht zu einem lang_____[12] Aufenthalt im Krankenhaus mit hoh_____[13] Kosten.

Die Sicherheit am Arbeitsplatz spielt für alle eine wichtig_____[14] Rolle. Mit ein paar einfach_____[15] Regeln können Mitarbeiter lernen, sich auch in gefährlich_____[16] Situationen richtig zu verhalten. Deshalb sollte es auch in einem klein_____[17] Betrieb einen Plan mit regelmäßig_____[18] Kursen zur Arbeitssicherheit für alle Angestellten geben. Die Berufsgenossenschaft unterstützt Betriebe aus ganz unterschiedlich_____[19] Bereichen wie z. B. Holz, Metall und Chemie mit attraktiv_____[20] Kursangeboten in Arbeitssicherheit und Gesundheitsschutz. Ein sicher_____[21] Arbeitsplatz ist keine Glückssache, sondern das Ergebnis einer gut_____[22] Ausbildung und Zusammenarbeit.

c) **Vergleichen Sie Ihr Ergebnis mit dem Lösungsschlüssel.**

– **90 % und mehr (18 bis 21 Endungen):** Super! Sie können die Adjektivendungen schon sehr gut!
– **70 % und mehr (14 bis 17 Endungen):** Sie haben die Regeln schon ziemlich gut verstanden, aber Sie sollten die Endungen noch etwas üben.
– **50 % und mehr (11 bis 13 Endungen):** Analysieren Sie das Nomen hinter dem Adjektiv (mask./fem./neutr.? – Nominativ/Dativ/Akkusativ/Genitiv? – Singular oder Plural? – best./ unbest. oder kein Artikel?). So finden Sie mithilfe der Tabellen zur Adjektivdeklination (Punkt 15.1–15.3 im Grammatikanhang des Kursbuchs) auch die richtigen Endungen.
– **Weniger als 50 % (weniger als 11 Endungen):** Geben Sie nicht auf! Sie sollten die Adjektivendungen wiederholen. Fragen Sie Ihren Kursleiter/Ihre Kursleiterin nach mehr Übungen.

4 Leben in Deutschland

1 Versicherungen in Deutschland

a) **Welche Versicherungen braucht man, wenn …? Ordnen Sie die Versicherungen zu.**

1. die Arbeitslosenversicherung
2. die KfZ Haftpflichtversicherung
3. die Krankenversicherung

4. die Hundehaftpflichtversicherung
5. die Rentenversicherung
6. die Rechtsschutzversicherung

Wenn man einen Autounfall hat, braucht man

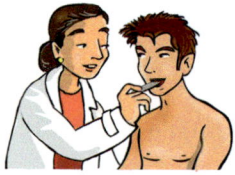

Wenn man zum Arzt gehen muss, braucht man

Wenn man seinen Job verloren hat, braucht man

die _____

Für das Alter braucht man

Wenn man einen Hund hat, braucht man

Wenn man Probleme mit seinem Vermieter hat, braucht man

b) **Lesen Sie den Ratgebertext. Richtig oder falsch? Kreuzen Sie an.**

Sind Sie gut versichert?

Viele Bundesbürger sind überversichert, aber ganz ohne Versicherung geht es auch nicht. Aber welche Versicherung braucht man eigentlich, und welche sind eher nicht nötig?

Für jeden Beschäftigten sind Kranken- und Pflegeversicherung, Rentenversicherung und Arbeitslosenversicherung Pflicht. Und jeder, der ein Auto hat, muss auch eine KfZ-Haftpflichtversicherung haben.

Eine Haftpflichtversicherung kann man, muss man aber nicht abschließen. Doch Experten sagen, dass jeder eine Haftpflichtversicherung haben sollte. Die Waschmaschine ist kaputt und schon hat der Nachbar einen teuren Wasserschaden, für den man zahlen muss. Eine Haftpflichtversicherung kann diese Kosten tragen.

Außerdem lohnt es sich auch, über eine Berufsunfähigkeitsversicherungen nachzudenken. Allerdings ist sie nicht billig. Monatliche Beiträge fangen bei 30 Euro an. Wenn man aber eine Berufsunfähigkeitsversicherung hat, zahlt sie das Gehalt weiter, wenn man krank wird und deshalb nicht mehr in seinem Beruf weiterarbeiten kann.

	richtig	falsch
1. Viele Bundesbürger wissen, welche Versicherungen nicht nötig sind.	☐	☐
2. Es gibt Versicherungen, die Arbeitnehmer und Arbeitnehmerinnen haben müssen.	☐	☐
3. Eine Haftpflichtversicherung ist Pflicht.	☐	☐
4. Der Ratgeber empfiehlt eine Berufsunfähigkeitsversicherung.	☐	☐

2 Einen Schaden der Versicherung melden

a) Ordnen Sie den Dialog.

💬 ☐ Frau Klein, wie kann ich Ihnen helfen?

💬 ☐ Was ist denn passiert?

💬 ☐ Schicken Sie mir doch bitte alle Informationen, die Sie haben - also Fotos von der Küche nach dem Feuer, den Bericht der Feuerwehr und Rechnungen von allen Gegenständen oder Geräten in Ihrer Küche. Wir werden dann den Fall sehr schnell bearbeiten.

💬 ☐ 7 ☐ Sie haben eine Hausratversicherung bei uns? Könnten Sie mir bitte Ihre Versicherungsscheinnummer geben?

💬 ☐ Verstehe. Wann hat es denn gebrannt?

💬 ☐ 1 ☐ Guten Tag. Merkur-Versicherung. Schadensservice. Klaus Wagenbach am Apparat.

💬 ☐ Das ist nicht so schlimm. Schicken Sie mir bitte, was Sie haben.

💬 ☐ Vielen Dank. ... Ah ja, da habe ich Ihre Versicherungspolice. Ja, Sie sind bei uns geschützt gegen Feuer, Einbruch und Diebstahl wie auch gegen Sturmschäden.

👂 ☐ Ja, wir sind schon seit sechs Jahren Kunden bei Ihnen. Das ist allerdings unser erster Schaden.

👂 ☐ Es hat ein Feuer bei uns in der Küche gegeben. Ich glaube, unsere Kaffeemaschine war kaputt. Aber zum Glück ist die Feuerwehr sehr schnell gekommen. Unsere Küche muss jetzt komplett renoviert werden.

👂 ☐ Guten Tag, Herr Wagenbach. Hier Klara Klein.

👂 ☐ Gestern Abend.

👂 ☐ Ich möchte einen Schaden melden.

👂 ☐ Ich weiß nicht, ob wir noch alle Rechnungen haben.

👂 ☐ Vielen Dank.

👂 ☐ Natürlich. 878-KW-709-DE.

b) Hören Sie und vergleichen Sie mit Ihrer Lösung in a).

21

c) Sehen Sie sich die Zeichnung an und schreiben Sie an die Versicherung.

Schreiben Sie etwas über folgende Punkte. Vergessen Sie nicht die Anrede und den Gruß.

- Grund für Ihr Schreiben mit Datum des Einbruchs
- Angaben zu Ihrer Person und zur Versicherung (Police 899-AF-506-DE)
- Wann wurde der Schaden der Polizei gemeldet, was wurde gestohlen, wie hoch ist der geschätzte Schaden? (3.200 €)
- Bitte um schnelle Antwort

1 Projektwoche an der Goethe-Schule

a) **Lesen Sie das Programm der Projektwoche für die Schüler der neunten Klassen. Ordnen Sie jedem Projekt einen passenden Titel zu.**

Unsere Geschichte – Regional und gesund – Film ab! – Projektplanung – Physik im Alltag

---

Programm zur Projektwoche vom 12.–16. September

Anmeldungen müssen bis zum 30. Mai im Sekretariat abgegeben werden!

01 .... Viele haben den Traum, einmal ein berühmter Schauspieler oder eine gefeierte Schauspielerin zu sein. Leider schaffen das nur ganz wenige Menschen. Beim Film gibt es aber noch viele andere interessante Themen, mit denen du dich bei uns beschäftigen kannst. Wir wollen gemeinsam einen Kurzfilm machen. Dazu brauchen wir natürlich Schauspieler und Schauspielerinnen, aber auch eine Idee, ein Drehbuch und Leute für den Ton, das Licht und die Kamera. Wer macht mit?

02 .... Immer mehr Menschen interessieren sich für Elektrofahrräder, kurz E-Bikes, und Elektroautos. Denn Elektromotoren sind sauberer und leiser als andere Motoren. In diesem Projekt wollen wir eine Werkstatt für Elektromotoren besuchen und Physik mal ganz praktisch erfahren. Danach bauen wir selbst Elektromotoren und machen aus ein paar ganz normalen alten Fahrrädern moderne E-Bikes.

03 .... Wer hat hier gelernt und gearbeitet? Seit wann gibt es die Sporthalle? Wie sahen die alten Schulbücher aus? Wir stellen viele Fragen, denn wir wollen zum 150. Geburtstag der Goethe-Schule die eigene Schulgeschichte untersuchen und eine interessante Schulchronik mit vielen Informationen schreiben. Gemeinsam suchen wir im Internet, in alten Zeitungen, im Rathaus und in Interviews mit früheren Schülern und Lehrern nach Antworten auf diese und weitere Fragen.

04 .... In den Medien ist das ein großes Thema: Bio-Lebensmittel aus regionaler Produktion sind in. Wir hören immer wieder, dass regionale Produkte und gesunde Ernährung sehr wichtig sind. Das hört sich auch erst einmal gut an. Aber: Was ist regional? Und was ist gesund? Auf einem Bauernhof, auf dem Wochenmarkt und in einem Supermarkt suchen wir nach Antworten und in der Schulkantine lernen wir, ein gesundes Mittagessen zu kochen.

05 .... Wie entsteht eigentlich ein Buch? Wenn du diese Frage interessant findest, bist du bei uns genau richtig! Wir wollen zu diesem Thema eine kleine Ausstellung und ein Programm für eine tolle Lesenacht für alle Schüler in unserer Schule organisieren. Wir beschäftigen uns mit dem Thema des Buchdrucks und besuchen einen Verlag, ein Buchgeschäft und unsere Schulbibliothek. Außerdem laden wir einen Autor oder eine Autorin zu unserer Lesenacht ein.

---

b) **Lesen Sie die Texte noch einmal und ergänzen Sie passende Verben.**

1. sich mit einem Thema ....
2. einen Film ....
3. Fragen ....
4. nach Antworten ....
5. eine Ausstellung ....
6. die Geschichte ....

2 Was machst du in der Projektwoche?

🔊 22 **a)** Luise und Kilian haben sich entschieden. Hören Sie und notieren Sie den Projektnamen.

Luise: _____

Gründe: _____

_____

_____

_____

Kilian: _____

Gründe: _____

_____

_____

_____

_____

🔊 22 **b)** Warum finden die beiden ihr Projekt interessant? Hören Sie noch einmal und ergänzen Sie in a) die Gründe.

🔊 23 **c)** Nach der Projektwoche. Was haben Luise und Kilian gelernt? Hören Sie und kreuzen Sie an.

	ja	nein
1. Man kann aus Stoff Papier machen.	☐	☐
2. Der Erfinder des Buchdrucks heißt Johannes Gutenberg und kommt aus Deutschland.	☐	☐
3. E-Books werden immer beliebter.	☐	☐
4. Texte und Bilder dürfen nicht einfach so kopiert werden.	☐	☐
5. Aber Schulen können Texte und Fotos billiger „einkaufen".	☐	☐
6. Man sollte in einem Interview viele offene Fragen stellen.	☐	☐
7. Die Schulbibliothek ist die älteste Bibliothek der Stadt.	☐	☐
8. Eine bekannte Krimiautorin war Schülerin an der Goethe-Schule.	☐	☐

3 **Was lernt man wo?** Ordnen Sie die Fächer zu.

1. Mathe
2. Physik
3. Bio
4. Deutsch
5. Politik
6. Geographie

a) ☐ warum Bäume Licht brauchen
b) ☐ wie man Rechnungen überprüft
c) ☐ welche Aufgaben ein (Bundes)Präsident hat
d) ☐ wie man Bewerbungsbriefe schreibt
e) ☐ wie die größten Flüsse in Europa heißen
f) ☐ warum manche Menschen blaue Augen haben
g) ☐ wie lang der Bremsweg eines Autos ist
h) ☐ wie man wichtige Informationen in einem Zeitungsartikel findet
i) ☐ warum die Erde sich dreht
j) ☐ wie viel man spart, wenn etwas 20 Prozent preiswerter ist
k) ☐ wie die Hauptstädte Europas heißen
l) ☐ welche Parteien es gibt

4 **Ein Gespräch im Schulbus.** Kilian und Luise sprechen auf dem Weg zur Schule über ihre Stundenpläne. Hören Sie zweimal und ergänzen Sie die Schulfächer.

24

	Kilian	Luise
1. Stunde		
2. Stunde	*Englisch*	
3. Stunde		
4. Stunde		
5. Stunde		
6. Stunde		

5 **Schule und lernen.** Ergänzen Sie passende Verben aus dem Wortgitter.

```
            K   O   W   Q   B
        S   T   A   J   Z   S   W   A   S
    U   M   E   B   R   Y   L   C   R   C   W
W   E   C   H   S   E   L   N   D   V   H   T   G
S   X   H   Y   U   C   I   S   F   O   R   E   W
S   P   V   X   I   P   H   X   R   O   R   E   I   Q   N
E   P   K   A   U   L   N   Z   F   O   B   I   L   Q   C
H   R   X   U   P   E   E   S   K   N   E   B   N   L   P
E   K   A   L   I   I   N   A   G   A   R   E   E   P   W
N   A   C   H   S   C   H   L   A   G   E   N   H   N   E
    G   A   R   B   E   I   T   E   N   I   O   M   Y
    R   N   E   G   E   G   X   B   B   T   M   E   G
        T   W   T   F   L   E   R   N   E   N   N
            M   E   F   X   M   O   Y   N   S
                O   N   O   C   S
```

1. mit Anwendungen auf Tablets *arbeiten* ....
2. in der Bibliothek für eine Prüfung ....
3. in Englisch ein Video ....
4. nach der Grundschule die Schule ....
5. an einer Arbeitsgemeinschaft ....
   ....
6. etwas ins Heft oder an die Tafel ....
7. mit dem Taschenrechner ....
8. eine Präsentation ....

6 **Berufe in der Schule.** Sortieren Sie die Tätigkeiten. Dann ergänzen Sie die fehlenden Berufe in der Tabelle.

~~Stundenpläne machen~~ – Glühbirnen wechseln – bei Problemen vermitteln – Schnee räumen – Arbeitsgemeinschaften leiten – kaputte Stühle reparieren – Unterrichtsmaterial bestellen – ~~Schüler, Eltern und Lehrer beraten~~ – Pausenbrötchen und Getränke verkaufen – Einschulungen organisieren – ohne Gewalt Konflikte lösen – Zeugnisse vorbereiten – Bewerbungsgespräche führen

Berufe	*Direktor/in*		
Tätigkeiten	*Stundenpläne machen*		*Schüler, Eltern und Lehrer beraten*

7 Schulbiografien

a) Sebastian (S) oder Roland (R)? Lesen Sie die Texte und ordnen Sie die Namen den Aussagen aus b) zu.

Meine Eltern sind Lehrer. Als ich noch zur Schule gegangen bin, war das ganz schön anstrengend. Zum Glück hatte ich keine Probleme mit dem Lernen. Aber als ich mich entschieden habe, kein Abitur zu machen, waren meine Eltern nicht sehr glücklich. Ich hatte keine Lust mehr auf Schule und wollte lieber gleich arbeiten. Ich habe dann nach einem guten Realschulabschluss in Hamburg eine Ausbildung zum Koch gemacht. Da musste ich morgens oft früh anfangen und auch abends und am Wochenende arbeiten. Es hat auch ziemlich lange gedauert, bis ich selbst kochen und nicht nur Gemüse schneiden durfte. Trotzdem hat mir die Arbeit immer viel Spaß gemacht. Ich meine nicht, dass jeder studieren muss. Und auch meine Eltern sind heute mit meinem Beruf zufrieden.

Sebastian, 27

Roland, 34

Ich denke nicht so gerne an meine Schulzeit. In der Grundschule war es noch einfach. Die Hausaufgaben habe ich immer so schnell wie möglich gemacht. Meine Zeugnisse waren aber ganz gut und so kam ich nach der vierten Klasse auch aufs Gymnasium. Da war dann alles ganz anders. Wir bekamen viele Hausaufgaben und ich hatte oft keine Lust zu lernen. Die siebte Klasse musste ich dann wiederholen, weil mein Zeugnis so schlecht war. Damals hatte ich ziemlich viel Stress mit meinen Eltern, die selbst nie an der Uni waren. Sie haben sich Sorgen gemacht und immer gesagt, dass ich ohne Abitur nicht studieren kann. Mir war das in dem Alter noch egal, aber dann habe ich das Abitur doch geschafft und danach auch studiert. Ich bin Lehrer geworden und meine Eltern sind jetzt stolz auf mich.

b) Formulieren Sie passende Fragen.

Frage 1: Wie *waren Sie in der Schule?* ....

a) .... Ich war in einigen Fächern kein guter Schüler.

b) .... Ich hatte in der Schule immer gute Zeugnisse.

Frage 2: Wann ....

a) .... Eigentlich immer, aber im zehnten Schuljahr hatte ich keine Lust mehr auf Schule.

b) .... Die Grundschule hat mir am meisten Spaß gemacht. Später war das anders.

Frage 3: Wer ....

a) .... Meine Eltern haben mich immer unterstützt. Eigentlich wollten sie, dass ich Abitur mache.

b) .... Ich sollte als erster in der Familie Abitur machen. Das habe ich dann ja auch mit der Hilfe von ein paar Lehrern und guten Freunden geschafft.

Frage 4: Was ....

a) .... Ich unterrichte meine alten Lieblingsfächer: Bio und Sport.

b) .... Ich bilde in meinem eigenen Betrieb junge Menschen aus. Das macht mir Spaß.

Frage 5: Was ....

a) .... Schüler sollten sich gut informieren und sich Berufe aussuchen, die ihnen Spaß machen.

b) .... Schwache Schüler sollten nie aufgeben, denn jeder von uns kann etwas besonders gut!

8 **Schülersorgen**

a) **Lesen Sie die Gedanken des Schülers.**

Wir spielen immer Basketball.

Die Pausen sind zu kurz.

Wir sprechen die Sprache nur im Unterricht.

Ich habe Angst vor dem Zeugnis.

Ich kann nicht gut rechnen.

b) **Wie könnte Schule mehr Spaß machen? Ergänzen Sie die Sätze im Konjunktiv II.**

1. Ich würde mich auf die Ferien freuen, *wenn ich keine Angst vor dem Zeugnis hätte.*

2. Ich wäre sicher besser in Englisch, *wenn*

3. Ich hätte mehr Spaß am Sportunterricht,

4. Ich könnte mich im Unterricht besser konzentrieren,

5. Ich würde gern Mathe machen,

9 **Schülerwünsche**

a) **Formulieren Sie die Ratschläge als Wunsch wie im Beispiel.**

1. Alle Lehrer sollten uns mit mehr Respekt behandeln.

Ich wünschte, alle Lehrer würden uns mit mehr Respekt behandeln.

2. Die Lehrer sollten immer gute Laune haben.

Ich wünschte,

3. Wir sollten die Unterrichtsthemen selbst aussuchen.

4. Die Lehrer sollten im Unterricht mehr Videos zeigen.

5. Wir sollten im Unterricht mehr Projektarbeit machen.

b) **Alles richtig? Hören Sie die Wünsche und überprüfen Sie Ihre Sätze aus a).**

25

10 **Projekttage.** Verbinden Sie die Sätze mit Relativpronomen.

1. An unserer Schule gibt es jedes Jahr Projekttage. An den Tagen ist der Unterricht ganz anders.

   An unserer Schule gibt es jedes Jahr Projekttage, an denen der Unterricht ganz anders
   ist.

2. Alle Schüler können zwei Fächer wählen. Sie interessieren sich sehr für die Fächer.

   ....

   ....

3. Sie werden dann in Gruppen aufgeteilt. In den Gruppen arbeiten sie an einem bestimmten Thema.

   ....

   ....

4. Jeder bekommt eine Projektpartnerin / einen Projektpartner. Mit der Partnerin / dem Partner bearbeitet er eine Aufgabe.

   ....

   ....

5. Zum Schluss werden Eltern und Geschwister zu einer Veranstaltung eingeladen. Auf der Veranstaltung präsentieren alle Gruppen ihre Ergebnisse.

   ....

   ....

11 **Was ist das?** Wählen Sie ein passendes Wort aus. Schreiben Sie dann eine Worterklärung mit Relativpronomen. Achten Sie auch auf die Präpositionen!

> ~~Sporthalle~~ – Unterrichtsvorbereitung – Ferien – Hausmeister – Stundenplan – Schulhof
> Lieblingsfach – Realschule – Zeugnis – Gymnasium – Hausaufgaben – Lehrerzimmer

1. In dem Gebäude findet der Sportunterricht statt: *die Sporthalle*

   Eine Sporthalle ist ein Gebäude, in dem der Sportunterricht stattfindet.

2. Auf dieser Schule kann man in Deutschland das Abitur machen: *das* ....

   ....

3. Auf dem Platz verbringen die Schüler die Pausen: *der* ....

   ....

4. In dem Fach macht der Unterricht am meisten Spaß: *das* ....

   ....

5. Diese Aufgaben macht man nicht im Unterricht: ....

   ....

6. In diesen Wochen haben die Schüler/innen frei: ....

   ....

1 Ein Elternabend in der Schule

a) Lesen Sie die Einladung. Welche Informationen bekommen Sie?

wann	wo	Themen

Goetheschule
Allgemeinbildende Schule

Hamburg
Goethestraße 33 · 22767 Hamburg

Liebe Eltern der Klasse 6c,

am Dienstag, den 16. August um 18:30 Uhr findet unser erster Elternabend in diesem Schuljahr statt. Wir treffen uns wie immer im Klassenraum der 6c, Raum A-301. Wir werden über die geplante Klassenfahrt sprechen, und die Wahl der Elternvertretung steht auf dem Programm. Über Ihr zahlreiches Erscheinen würde ich mich sehr freuen.

Mit freundlichen Grüßen

Ute Dormann

Ute Dormann, Klassenlehrerin

b) Was macht die Elternvertretung?
Lesen Sie den Info-Kasten und kreuzen Sie an.

1. ☐ Sie bekommt Geld für ihre Arbeit.
2. ☐ Sie wird alle zwei Jahre gewählt.
3. ☐ Sie kümmert sich um die Vorschläge und Wünsche der Eltern.
4. ☐ Sie entscheidet über die Themen auf der Schulkonferenz.
5. ☐ Sie gibt die Informationen von der Schulleitung an die Eltern weiter.

Landeskunde

Durch die **Elternvertretung** können die Eltern an Schulen mitbestimmen. Sie ist in Deutschland in den Schulgesetzen der Bundesländer vorgeschrieben, das heißt, an jeder Schule muss es eine Elternvertretung geben. In manchen Bundesländern wird sie auch **Elternbeirat**, **Elternausschuss** oder **Elternpflegschaft** genannt.

Beim ersten Elternabend jeder Klasse müssen ein Elternteil als **Vorsitzende/r der Klassenelternschaft** und ein/e **Stellvertreter/in** für die Dauer von zwei Jahren gewählt werden. Die Elternvertreter arbeiten ehrenamtlich.
Zu den Aufgaben der Elternvertretung gehören unter anderem,
– für die Interessen der Elternschaft zu sprechen, Wünsche und Vorschläge der Eltern zu sammeln und diese an die Schulleitung weiterzugeben,
– an den Beratungen der **Schulkonferenz** teilzunehmen.
Die Schulleitung informiert die Elternvertretung über alle Angelegenheiten, die für die Schule wichtig sind, wie z. B. über
– wichtige Änderungen im Lehrplan,
– den Kauf von Unterrichtsmaterialien,
– Veränderungen in der Unterrichtsarbeit oder beim Essensverkauf in der großen Pause.

2   Nachhilfe

a) **Welches Verb passt? Verbinden Sie. Es gibt mehrere Möglichkeiten.**

ein (gutes/schlechtes) Zeugnis	**1**	**a**	(nicht) bestehen
eine Prüfung	**2**	**b**	haben
eine (sehr gute/schlechte) Note	**3**	**c**	schreiben
einen Abschluss	**4**	**d**	bekommen
Nachhilfeunterricht	**5**	**e**	machen
eine Klassenarbeit	**6**	**f**	brauchen

Landeskunde

Es gibt die Noten 1–6 in Deutschland:

1 = sehr gut   4 = ausreichend
2 = gut   5 = mangelhaft
3 = befriedigend   6 = ungenügend

Eine 5 oder 6 heißt „durchgefallen". Wenn man zwei Fünfen auf dem Zeugnis hat, muss man die Klasse wiederholen. Im Abitur gibt es dann keine Noten mehr, sondern ein Punktesystem von 1 (ungenügend minus) bis 15 (sehr gut plus).

 b) **Ein Gespräch über Nachhilfe. Hören Sie und ergänzen Sie die Antworten.**

26

1. In welchen Fächern hat Jakob gute Noten bekommen? ....

2. Was für eine Note hat Jakob in der letzten Klassenarbeit in Physik bekommen? ....

3. Warum hat Lara das Abitur geschafft? ....

c) **Lesen Sie die die Internetseite von einem Nachhilfe-Anbieter und die Aussagen. Steht das im Text: ja oder nein? Kreuzen Sie an.**

	ja	nein
1. Die Lernwerkstatt bietet bietet keine Nachhilfe in Physik an.	☐	☐
2. Die Lernwerkstatt bietet spezielle Abitur-Vorbereitungskurse an.	☐	☐
3. Die Nachhilfelehrer sind gut ausgebildet.	☐	☐
4. Die Schüler können entspannt lernen.	☐	☐

http://www.lernwerkstatt-hh.de

| Unser Angebot | Fächer | Kurse | Konzept | Standorte | Preise |

Willkommen bei der Lernwerkstatt

Wir geben Nachhilfe!

Sie möchten bessere Noten für Ihr Kind?
Sie suchen professionelle Nachhilfe?
Bei uns sind Sie richtig. Seit über 30 Jahren bieten wir Nachhilfeunterricht für Schüler und Schülerinnen aller Klassen und für alle Schulfächer an.

• Schnelle Notenverbesserung

• Einzelunterricht in kleinen Gruppen von drei bis fünf Schülern

• Qualifizierte Nachhilfelehrer

• Stressfreie Lernatmosphäre

• Helle und freundliche Unterrichtsräume

• Regelmäßige Gespräche über Lernfortschritte mit Eltern und Schüler

Buchen Sie jetzt eine Probestunde. Wenn Sie nach einem Monat Nachhilfe nicht zufrieden sind, bekommen Sie Ihr Geld zurück. Garantiert!

1 Unwettermeldungen

a) Lesen Sie in beiden Texten den ersten Satz und ordnen Sie je eine Überschrift zu.

Winter verabschiedet sich mit Sturm und Eisregen

Der Klimawandel und seine Folgen

Stürmisches Ende der Hitzewelle in Bayern

A

Berlin. Nach dem schweren Unwetter mit Sturm und Eisregen gab es Sachschäden von mindestens 8,5 Millionen Euro. Viele Einwohner riefen die Polizei und/oder Feuerwehr wegen abgedeckter Dächer und entwurzelter Bäume an. In der Innenstadt kam es auf den Straßen an vielen Orten zu starken Verkehrsbehinderungen und Staus. Im Umland von Berlin zerstörte der Sturm mehrere Oberleitungen. Viele Haushalte blieben deshalb am Abend stundenlang ohne Strom. Wegen des Eisregens gestrichene Zugverbindungen hat die Deutsche Bahn bereits gestern Abend wieder aufgenommen. Auch auf dem Berliner Flughafen kam es zu großen Verspätungen. Einige Straßen, die gestern von der Polizei wegen umgestürzter Bäume gesperrt wurden, konnten erst heute Vormittag wieder für den Verkehr geöffnet werden.

B

München. Nach der langen Trockenperiode in den Monaten Juli und August und Temperaturen um 30°C noch in der ersten Septemberwoche kam es in weiten Teilen Bayerns am Wochenende zu schweren Gewittern mit starken Regenfällen und orkanartigen Stürmen. In Erlangen war die Feuerwehr gestern wegen des Unwetters pausenlos im Einsatz. Stundenlanger Sturm und starke Regenfälle entwurzelten im gesamten Stadtgebiet viele Bäume und überall standen Keller unter Wasser. Die Camper an der Regnitz mussten die Campingplätze wegen des Hochwassers verlassen. In Ingolstadt gab es ebenfalls große Sachschäden. Das Gewitter verursachte ein Feuer in einer Fabrikhalle, die vollständig zerstört wurde. Auch die Polizei hatte viel zu tun. Bei Nürnberg musste die A9 in Richtung München wegen eines umgestürzten LKWs bis in die späten Abendstunden gesperrt werden. Durch das Unwetter fielen die Temperaturen in ganz Bayern innerhalb von wenigen Stunden von durchschnittlich 28 ° C auf 13° bis 17 ° C. In den nächsten Tagen bleibt es regnerisch und weiterhin kühl.

b) Sie sind Redakteur/in. Wählen Sie ein passendes Foto für die Artikel in a) aus.

))🜁 **c)** Sie hören zwei Wetterberichte. Ordnen Sie die Unwettermeldungen aus a) einem
27   Wetterbericht zu.

Wetterbericht 1 ....   Wetterbericht 2 ....

2 **Unwetter und ihre Folgen**

a) Lesen Sie die Texte noch einmal und finden Sie die Gründe. Dann verbinden Sie.

Gründe		Folgen	
eines umgestürzten LKWs	**1**	**a**	Die Feuerwehr war pausenlos im Einsatz.
abgedeckter Dächer	**2**	**b**	Einige Straßen wurden gesperrt.
des Unwetters	**3**	**c**	Viele Haushalte blieben ohne Strom.
eines Feuers	**4**	**d**	Zugverbindungen wurden gestrichen.
zerstörter Oberleitungen	**5**	**e**	Die Camper mussten die Plätze verlassen.
des Eisregens	**6**	**f**	Die A9 wurde gesperrt.
umgestürzter Bäume	**7**	**g**	Eine Fabrikhalle wurde vollständig zerstört.
des Hochwassers	**8**	**h**	Viele Einwohner riefen die Feuerwehr.

b) Schreiben Sie aus den Verbindungen in a) Sätze mit *wegen*.

Wegen eines umgestürzten LKWs wurde die A9 gesperrt. ....

....

....

....

....

....

....

....

))🜁 **3** **Wettererfahrungen**
28

a) Hören Sie ein Interview mit Herrn Lehmann. Worüber spricht er? Kreuzen Sie an.

1. ☐ Hitzewelle   **3.** ☐ Gewitter   **5.** ☐ Orkan
2. ☐ Schneesturm   **4.** ☐ Lawine   **6.** ☐ Hochwasser

b) Hören Sie den Bericht noch einmal und machen Sie sich Notizen.

Wie beschreibt Herr Lehmann die aktuelle Situation?	Was hat er in den letzten Tagen gemacht?	Was macht Herr Lehmann jetzt?
1.	1.	1. ....
2.	2.	2. ....
3.	3.	3. ....

4 **Ernährung und Umwelt**

a) Lesen Sie die Überschrift. Worum geht es wahrscheinlich in dem Text? Kreuzen Sie an.

Der Weg vom Feld auf den Teller wird immer weiter

a) ☐ Landwirtschaft
b) ☐ Lebensmitteltransporte
c) ☐ Gesundheit

b) Lesen Sie den Text. Zu welchen Abschnitten passen die Fotos?

1 Zeilen .... **2** Zeilen .... **3** Zeilen ....

Eine Studie zeigte schon 1997, dass ein typisches Frühstück in Wien mit Brot oder Brötchen, Schinken, Käse, Milch, Zucker,
5 Eiern, Joghurt und Saft aus Österreich insgesamt mindestens 5.000 Kilometer unterwegs war. Mit einem Kaffee aus Brasilien kommen noch einmal etwa 10.000
10 Kilometer auf dem Schiff und 800 Kilometer auf der Straße dazu. Das macht insgesamt schon 15.800 Kilometer.
Billige Arbeitskräfte und niedrige
15 Transportkosten machen Lebensmittel, die viele tausend Kilometer weit gereist sind, oft billiger als Produkte aus der Region. Diese Entwicklung ist für die Gesundheit
20 der Verbraucher nicht ungefährlich, denn die Lebensmittel können auf den langen Wegen oft nur durch eine chemische Behandlung frisch bleiben. Auch die Umwelt leidet
25 unter dem hohen Energieverbrauch durch die langen Transportwege. Kühlmaschinen, Schiffs- und LKW-Motoren produzieren Kohlendioxyd (CO_2) und verstärken so die
30 Entstehung von Treibhausgasen. Internationale Lebensmitteltransporte bringen uns nicht nur tropische Früchte und das ganze Jahr über frische Erdbeeren aus
35 fast allen Teilen der Welt, sondern tragen leider auch zum Klimawandel bei. Also: Augen auf beim Einkauf! Kaufen Sie regionale Produkte!

c) Lesen Sie den Artikel noch einmal und ergänzen Sie die Textgrafik.

Studie: Typisches Frühstück in Wien	Lebensmittel aus Österreich:	.... km
	+ Kaffee	.... km
Gründe für den Import billiger Produkte	1. .... 2.	
Folgen für die Verbraucher	....	
Folgen für die Umwelt	....	

5 **Die Einführung der Sommerzeit.** Zeitangaben wiederholen.

a) Präpositionen und Zeitangaben. Was passt zusammen?

	im	in der	am	um	
1.	X	☐	☐	☐	Jahr, Monat, Januar, Februar , ...
2.	☐	☐	☐	☐	Tag, Montag, Dienstag, ...
3.	☐	☐	☐	☐	Morgen, Vormittag, Mittag, Nachmittag, Abend
4.	☐	☐	☐	☐	Zeit, Nacht, Woche
5.	☐	☐	☐	☐	halb drei, Viertel vor zwei, neunzehn Uhr , ...

b) Lesen Sie den Text und ergänzen Sie die Präpositionen aus a).

In der nächsten Woche beginnt wieder die Winterzeit. _____ Nacht von Samstag auf Sonntag müssen Sie Ihre Uhren _____ zwei Uhr eine Stunde zurückstellen. Sie können dann _____ Sonntag eine Stunde länger schlafen, aber _____ Morgen ist es länger dunkel. Wenn _____ nächsten Jahr der Frühling kommt, stellen wir die Uhren _____ März eine Stunde vor.

Die Sommerzeit wurde 1980 eingeführt, weil man Energie sparen wollte. Dieses Ziel wird leider kaum erreicht, denn _____ Winter schalten viele Menschen _____ Morgen die Heizung früher ein. Dann wird die Energie, die man _____ Sommer wegen des längeren Tageslichts gespart hat, wieder verbraucht. Die Mehrheit der Deutschen findet die Sommerzeit nicht gut. Viele mögen es aber, dass es _____ Sommerzeit _____ Abend länger hell bleibt.

Sommerzeit

die Tage werden wieder länger!

6 **Zukunft oder Gegenwart?**

a) Lesen Sie die Sätze und ordnen Sie zu.

a) Präsens – b) Futur: _werden_ und Infinitiv – c) Präsens mit Zeitangabe

1. ☐ Heute Nachmittag regnet es bestimmt noch.
2. ☐ Durch die lange Trockenperiode wird die Ernte in diesem Jahr nicht gut.
3. ☐ Wegen des Klimawandels wird es immer mehr Unwetter geben.
4. ☐ Hochwasser und Stürme werden auch dieses Jahr Sachschäden verursachen.
5. ☐ Die Temperaturen steigen weiter, warnen die Klimaforscher.
6. ☐ Nächste Woche scheint die Sonne bei 20 bis 25°C.

b) Zukunft. Ergänzen Sie die Regel.

Wenn man über die Zukunft spricht, kann man entweder das _____ , das _____ oder das _____ mit Zeitangabe (_bald, morgen, im nächsten Jahr, heute Nachmittag_ etc.) benutzen.

7 **Prognosen machen und begründen.** Eine Ursache, viele Folgen. Sehen Sie sich die Grafik an und wählen Sie eine Ursachenkette aus. Schreiben Sie in Ihrem Heft Sätze wie im Beispiel. Benutzen Sie *weil*, *deshalb* und *deswegen*.

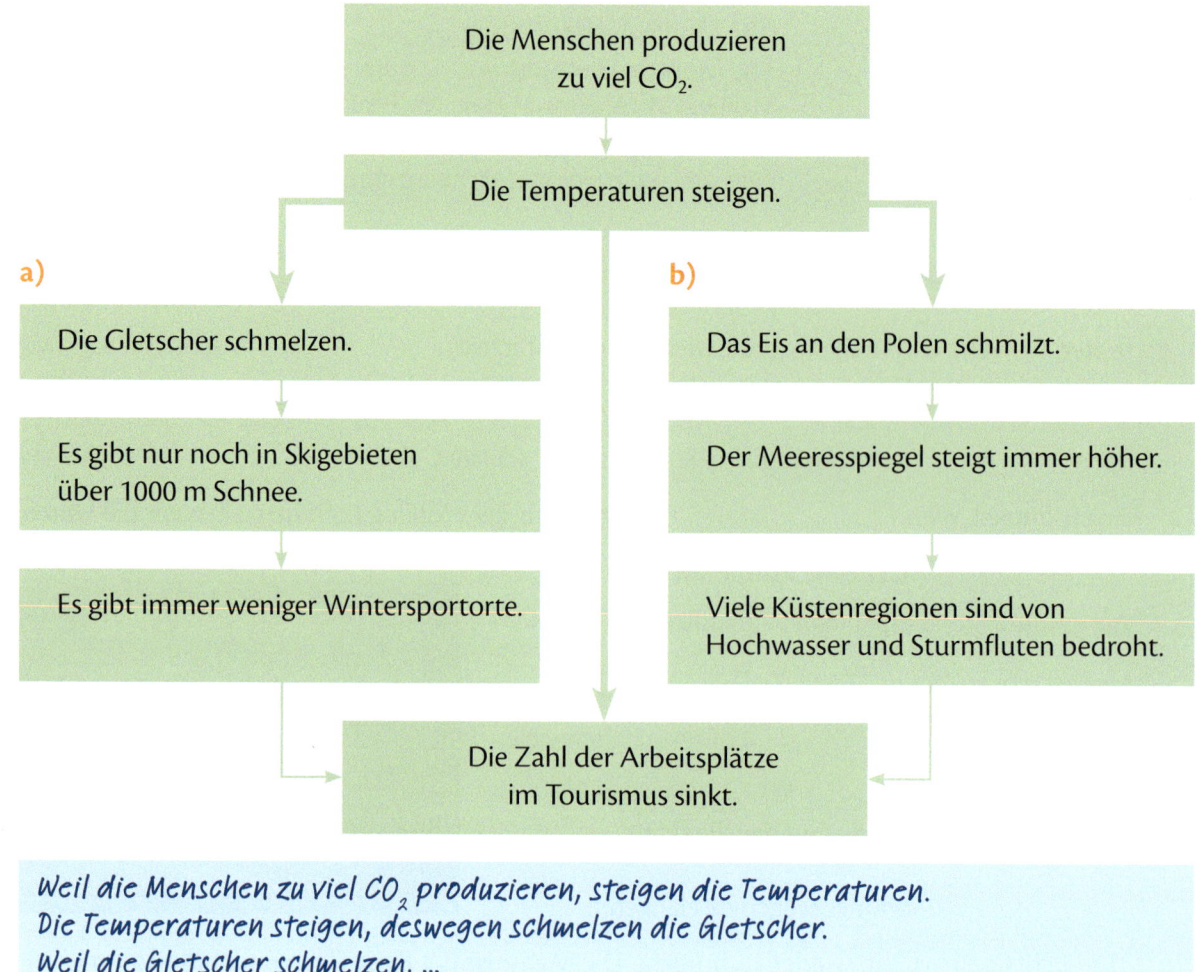

Die Menschen produzieren zu viel CO_2.

Die Temperaturen steigen.

a)

Die Gletscher schmelzen.

Es gibt nur noch in Skigebieten über 1000 m Schnee.

Es gibt immer weniger Wintersportorte.

b)

Das Eis an den Polen schmilzt.

Der Meeresspiegel steigt immer höher.

Viele Küstenregionen sind von Hochwasser und Sturmfluten bedroht.

Die Zahl der Arbeitsplätze im Tourismus sinkt.

Weil die Menschen zu viel CO_2 produzieren, steigen die Temperaturen.
Die Temperaturen steigen, deswegen schmelzen die Gletscher.
Weil die Gletscher schmelzen, ...

8 **Umweltschutz geht alle an!**

a) **Welche Aussagen passen zusammen? Ordnen Sie zu.**

1. ☑ d̶ Alte Bücher sollte man wegwerfen.
2. ☐ Man sollte mit dem Auto in die Stadt fahren.
3. ☐ Wichtige Dokumente sollte man ausdrucken.
4. ☐ Alte Flaschen und Gläser sollte man in die Mülltonne werfen.
5. ☐ Man sollte technische Geräte auf Standby stellen.
6. ☐ Man sollte jeden Tag Fleisch essen.

a) Falsch. Man sollte sie elektronisch speichern.
b) Nein, man sollte mehr Gemüse und fleischlose Gerichte kochen.
c) Ganz sicher nicht. Man sollte sie ganz einfach abschalten.
d) Nein, man sollte sie auf dem Flohmarkt verkaufen.
e) So ein Unsinn! Man sollte lieber den Bus nehmen.
f) Das ist nicht richtig. Man sollte sie unbedingt recyceln.

b) **Schreiben Sie Tipps mit** *nicht ..., sondern ...* **wie im Beispiel.**

1. Alte Bücher sollte man nicht wegwerfen, sondern auf dem Flohmarkt verkaufen.

9 *Je* mehr Menschen beim Umweltschutz mitmachen, *desto* besser!

a) Was passt zusammen? Verbinden Sie.

wenig Lebensmittel einkaufen **1**   **a)** mehr Wasser sparen
oft öffentliche Verkehrsmittel nutzen **2**   **b)** mehr für unsere Umwelt tun
viele Wertstoffe recyceln **3**   **c)** weniger wegwerfen
oft auf das Baden verzichten und duschen **4**   **d)** weniger CO_2 produzieren
regelmäßig eine Tasche zum Einkaufen mitnehmen **5**   **e)** mehr Plastikmüll vermeiden

b) Schreiben Sie mit den Verbindungen aus a) gute Ratschläge.

1. *Je weniger Lebensmittel Sie einkaufen, desto weniger werfen Sie weg.*
2.
3.
4.
5.

10 Intonation. Sätze mit *je …, desto …*

29

a) Hören Sie die Sätze aus Übung 9. Kontrollieren Sie Ihre Lösung und markieren Sie die betonten Wörter.

b) Hören Sie noch einmal und sprechen Sie nach. Nehmen Sie Ihre Stimme mit dem Handy auf.

11 Aktiv für den Umweltschutz.

a) Ergänzen Sie *mehr, weniger, öfter* oder *seltener*.

1. ☐ Ich werde öfter öffentliche Verkehrsmittel nutzen.
2. ☐ Ich werde _____ Fleisch und _____ Gemüse essen.
3. ☐ Ich werde die Heizung _____ ausschalten, wenn ich die Wohnung verlasse.
4. ☐ Ich werde _____ eine Tasche zum Einkaufen mitnehmen.
5. ☐ Ich werde _____ sparsame Geräte kaufen und so Energie sparen.
6. ☐ Ich werde beim Einkauf _____ auf regionale Produkte achten.
7. ☐ Ich werde _____ baden und _____ duschen.
8. ☐ Ich werde _____ Dokumente ausdrucken.
9. ☐ Ich werde _____ Papier, Glas und Plastik recyceln.

b) Was aus a) würden Sie nie tun? Kreuzen Sie an.

6 Leben in Deutschland

1 **Müll und Mülltrennung**

a) **Was passt am besten? Ordnen Sie die Fotos den Sätzen zu.**

a
b
c
d

1. ☐ Viele Deutsche trennen ihren Müll.
2. ☐ Bei uns werden die Mülltonnen jede Woche geleert.
3. ☐ Der Sperrmüll wird nur zweimal im Jahr abgeholt.
4. ☐ Wir sammeln den Biomüll in einem besonderen Mülleimer.

b) **Das große Müll-Quiz. Welcher Müll kommt in welche Tonne? Ordnen Sie zu.**

A   B   C   D   E

☐ Blätter von Bäumen	☐ Kaffeefilter	☐ Schuhe
☐ Blumen	☐ Katzenstreu	☐ Staubsaugerbeutel
☐ Dosen aus Metall	☐ Milch- und	☐ Suppentüten
☐ Einweg-Saftflaschen	Safttüten	☐ Taschenbücher
☐ Flaschen aus Kunststoff	☐ Obstreste	☐ Teebeutel
☐ Flaschen für Öl und Essig	☐ Papiertaschentücher	☐ Topf- und Balkonpflanzen
☐ Gläser für Marmelade	☐ Parfümflaschen	☐ Verpackungen aus Papier
oder Honig	☐ Pizzakartons	und Pappe
☐ Gemüseabfälle	☐ Plastiktüten	☐ Weinflaschen
☐ Glühbirnen	☐ Schreibpapier und	☐ Zeitungen und
☐ Joghurtbecher	Schulhefte	Zeitschriften

c) **Kontrollieren Sie Ihre Lösung mit dem Lösungsheft.**

25 oder mehr richtig: Sie sind ein großer Müllexperte. Herzlichen Glückwunsch!
19–24 richtig: Sie kennen sich mit der Mülltrennung schon gut aus.
0–18 richtig: Sie sollten erst Ihre Nachbarn fragen, bevor Sie etwas in den Müll werfen.

2 **Was Mieter zum Thema Müll wissen müssen.**

a) Lesen Sie den Zeitungstext und schließen Sie die Lücken 1–6.
Welche Lösung (a, b oder c) passt am besten? Kreuzen Sie an.

Ist Mülltrennung Pflicht? – Was Mieter wissen müssen

Mülltrennung __1__ es in Deutschland schon seit 1991. In __2__ anderen Land wird die Mülltrennung so ernst genommen wie hier. 97 Prozent der Deutschen trennen zwar fleißig ihren Müll, aber nur 37 Prozent tun es sehr gründlich, so das Ergebnis einer Umfrage.

__3__ die Frage, was genau in die schwarze, grüne, gelbe oder blaue Tonne kommt, kann man oft nicht so einfach __4__. Viele Deutsche fragen sich allerdings auch, ob der getrennte Müll auch wirklich recycelt wird.

Bis zum Januar 2015 war die Mülltrennung in Deutschland keine Pflicht. Sie war freiwillig. __5__ Januar 2015 gibt es aber ein Gesetz. Jetzt muss jeder Bundesbürger und jede Bundesbürgerin den Müll trennen. Wenn es in einem Haus verschiedene Mülltonnen gibt, müssen auch die Mieter ihren Müll getrennt darin aufteilen. Die Recyclingquote __6__ so in den nächsten Jahren noch besser werden.

1. ☐ **a** gibt
☐ **b** geben
☐ **c** gab

2. ☐ **a** einem
☐ **b** keinem
☐ **c** meinem

3. ☐ **a** Weil
☐ **b** Denn
☐ **c** Wenn

4. ☐ **a** beantworten
☐ **b** fragen
☐ **c** sagen

5. ☐ **a** Seit
☐ **b** Vor
☐ **c** Nach

6. ☐ **a** muss
☐ **b** soll
☐ **c** darf

b) Lesen Sie den Abfallkalender und beantworten Sie die Fragen.

Abfallwirtschaft des Landkreises Waldshut

Müllkalender / Abfuhrtage 2016

Abfall/Wertstoff	Termine
Restmüll	Donnerstag
Grünabfälle	10.10.2016
Sperrmüll	Selbstanlieferung auf den Sperrmüllannahmezentren
Holz	Selbstanlieferung auf dem Recyclinghof
Gelbe Tonne	20.04.; 19.05.; 15.06.; 13.07.; 10.08.; 07.09.; 06.10.; 03.11.; 30.11.; 29.12.2016
Blaue Tonne	14.04.; 12.05.; 09.06.; 07.07.; 04.08.; 01.09.; 29.09.; 27.10.; 24.11.; 22.12.2016

1. An welchen Tagen wird der Restmüll abgeholt? ....

2. Ich habe ein altes Sofa. Was muss ich tun? ....

3. Wann wird die gelbe Tonne im Oktober abgeholt? ....

1 Ganz schön peinlich!

a) Hören Sie den Anfang einer Geschichte und bringen Sie die Bilder in die richtige Reihenfolge.

30

a

b

c

d

e

b) Welches peinliche Ende passt zu dem Anfang aus a) und zu den Bildern? Kreuzen Sie an.

1. ☐ Mein Mann rief den Kellner. Er erklärte ihm, dass die Frau jeden Nachmittag nach 14 Uhr an diesem Tisch saß. Deshalb hatte er seine Sachen einfach an einen anderen Tisch gestellt und der Frau „ihren" Tisch frei gemacht. Weil mein Mann gerade nicht da war, konnte er ihn nicht fragen. Mein Mann verstand die Situation und setzte sich an den anderen Tisch.

2. ☐ Mein Mann ärgerte sich und ging an den Tisch. Er wollte die Frau fragen, warum sie seine Zeitung liest und und seinen Kuchen isst. In dem Moment schaute sie ihn an. Er hatte vorher schon das komische Gefühl gehabt, dass er sie kannte. Jetzt merkte er, dass es meine beste Freundin war. Sie hatte ihn gesehen und wollte ihn überraschen. Da mussten beide lachen.

3. ☐ Mein Mann überlegte einen Moment und fragte die Frau: „Was machen Sie an meinem Tisch? Warum bestellen Sie sich nicht selbst einen Kaffee und ein Stück Kuchen?" Die Frau sah ihn überrascht an. Da merkte Peter, dass er einen Fehler gemacht hatte. Auf dem Nachbartisch lag seine Zeitung neben einer Tasse Kaffee und einem Stück Kuchen. Er war am falschen Tisch!

c) Wie könnte der Mann in der Situation reagieren? Kreuzen Sie vier passende Möglichkeiten an.

1. ☐ So ein Pech! Das wäre mir nicht passiert.
2. ☐ Das wollte ich nicht. Pardon!
3. ☐ Das ist ein Missverständnis. Entschuldigen Sie!
4. ☐ Das ist jetzt aber wirklich sehr ärgerlich!
5. ☐ Das ist mir jetzt sehr unangenehm. Bitte entschuldigen Sie.
6. ☐ Das ging daneben. Warum passiert mir das immer?
7. ☐ Entschuldigen Sie bitte. Das war ein Versehen.
8. ☐ Oh Verzeihung, das tut mir aufrichtig leid.

2 Kleiner Knigge zur Tischkultur

a) Wer benimmt sich falsch? Markieren Sie die acht Fehler im Bild.

die Serviette

b) Lesen Sie den Text. Markieren Sie die Sätze, die die Fehler aus Aufgabe a) beschreiben.

Gutes Benehmen bei Tisch

Wie in vielen anderen Kulturen hat das Essen und Trinken in Gesellschaft auch in Deutschland, Österreich und der Schweiz Tradition. Daher haben sich gerade in 5 diesem Bereich viele Regeln entwickelt, die man kennen sollte.

Nachdem man sich an seinen Platz gesetzt hat, legt man sich zum Beispiel die Serviette auf die Hose oder den Rock. 10 Man wartet also nicht, bis das Essen auf dem Tisch steht. Auf keinen Fall sollten Sie sich die Serviette um den Hals binden. Wenn Sie beim Essen einmal aufstehen müssen, legen Sie die Serviette auf den 15 Stuhl. Denn eine auf dem Tisch liegende Serviette bedeutet, dass Sie Ihr Essen beendet haben.

Zur guten Tischkultur gehört auch, dass Sie mit geradem Rücken auf dem 20 Stuhl sitzen. Die Beine stehen dabei unter dem Tisch auf dem Boden und die Füße bleiben ruhig. Auch wenn Sie unbequeme Schuhe tragen, dürfen Sie sie nicht

ausziehen. Das ist sehr unhöflich! Man 25 sollte auch auf keinen Fall die Ellenbogen auf den Tisch stellen und den Kopf in den Händen halten. Wenn Sie nicht gerade essen oder ein Glas in der Hand haben, liegen die Hände neben dem Teller auf 30 dem Tisch. Die Finger spielen nicht mit dem Brot, den Blumen oder der Kerze und man zeigt auch nicht mit Messer, Gabel oder Löffel auf andere. Achten Sie auch immer auf Ihren Tischnachbarn, er 35 soll genug Platz haben.

Das Essen führt man mit der Gabel oder dem Löffel zum Mund. Während Sie mit dem Löffel Suppe essen, liegt die linke Hand neben ihrem Teller auf dem 40 Tisch. Das Messer wird nur zum Schneiden benutzt. Man schneidet vom Fleisch ein kleines Stück ab und isst es gleich. Legen Sie Messer und Gabel nur kurz auf den Tellerrand, wenn Sie etwas 45 trinken möchten. Mit der Serviette reinigen Sie sich vor dem Trinken kurz den Mund, damit das Glas beim Trinken sauber bleibt.

3 Konsonantentraining

a) Hören Sie und lesen Sie laut mit.

31

perfekt – ist optisch und technisch – Das Produkt ist optisch und technisch perfekt.
Kontakte – weltweit wichtige Kontakte – Mein Geschäftspartner hat weltweit wichtige Kontakte.
stellen vor – die Entwicklung der Öffentlichkeit – Wir stellen die Entwicklung der Öffentlichkeit vor.

b) Schließen Sie das Buch. Hören Sie und sprechen Sie nach.

32

4 **Alltag im Büro**
33

a) **Sie hören vier Gespräche.**
Welches Bild passt nicht
zu den Dialogen?
Kreuzen Sie an.

a ☐

b ☐

c ☐

d ☐

e ☐

b) **Hören Sie die Dialoge noch einmal und ergänzen Sie die Sätze wie im Beispiel.**

1. Obwohl Frau Knoll erkältet ist, *ist sie ins Büro gekommen.* ....

2. Obwohl Herr Müller sehr viel zu tun hat, ...

3. Obwohl Frau Seifert ihre Kollegin nicht mag, ...

4. Obwohl Herr Bayer der Chef ist, ...

5 **Gegensätze mit *obwohl* ausdrücken**

a) **Ordnen Sie die Bilder den passenden Aussagen zu.**

1. ☐ In Deutschland ist das
Rauchen in Restaurants
verboten.

2. ☐ Altpapier muss man in den
blauen Container werfen.

3. ☐ Man soll in Kranken-
häusern leise sein.

4. ☐ Man soll in dieser Straße
langsam fahren.

a

b

c

d

b) **Ergänzen Sie nun die Nebensätze mit *obwohl*.**

1. *Obwohl man in dieser Straße langsam fahren soll* ...., fahren viele zu schnell.

2. ....,
wirft sie das Papier in den Hausmüll.

3. ....,
unterhalten sich die Besucher laut auf dem Flur.

4. ....,
raucht der Mann.

6 Jung und Alt

a) Lesen Sie den Text und ordnen Sie die Überschriften den Abschnitten zu.

2 *Immer ein gutes Beispiel?*

3 *Nicht alle sind gleich*

1 *Auch wir waren mal jung*

4 *Diese Jugend von heute*

Ist gutes Benehmen eine Frage des Alters?

☐ „In meiner Jugend hätte es das nicht gegeben!" So oder so ähnlich werden junge Leute oft für ihr Benehmen kritisiert. Viele meinen, die Jugend von heute tut nicht mehr,
5 was die Eltern sagen, hat keinen Respekt vor dem Alter, ist laut und unhöflich. Sie macht, was sie will, hört schreckliche Musik, ist schlecht angezogen und hat keine Lust zu arbeiten. Die Liste negativer Meinungen ist oft
10 noch viel länger.

☐ Aber stimmt das wirklich? Wenn man sich junge Leute heute in der Öffentlichkeit ansieht, dann findet man sicher schnell viele Beispiele für schlechtes Benehmen. Im Park
15 stellen sie ihre Füße auf die Parkbank und in der Bahn legen sie sie einfach auf die andere Sitzbank. Viele hören auch mit ihrem Smartphone so laut Musik, dass sich andere darüber ärgern. Aber wenn sie sich gut
20 benehmen, wird darüber selten gesprochen. Gutes Benehmen fällt einfach nicht so stark auf wie schlechtes Benehmen. Ich kenne jedenfalls auch viele junge Leute, die höflich und nett sind, anderen ihre Hilfe anbieten und
25 ordentlich auf ihrem Platz sitzen. Und vielleicht ist es ja auch gut, dass die Jugend immer etwas anders ist als ihre Eltern und Großeltern, denn unsere Gesellschaft lebt von Veränderungen.
30 ☐ Als ich jung war, hörten wir auch oft Kommentare wie „Das hätte es in meiner Jugend nicht gegeben …" Damals, das war in

den 60er Jahren, hörten wir ‚wilde' Musik von den Beatles, junge Männer hatten plötzlich lange Haare und Frauen trugen auch Hosen. In 35 meiner Schule war das zum Beispiel nicht erlaubt. Deshalb versteckten die Schüler ihre Haare unter Mützen und die Schülerinnen mussten sogar einen Rock über der Hose anziehen! Irgendwann war das dann aber 40 nicht mehr nötig, weil man sich an die neue Mode gewöhnt hatte.

☐ Und wie sieht es eigentlich mit dem Benehmen älterer Menschen aus? Ist Ihnen auch schon einmal aufgefallen, dass manche 45 ältere Menschen schon in den Bus einsteigen, obwohl noch nicht alle ausgestiegen sind? Oder haben Sie vielleicht auch schon einmal beobachtet, dass eine ältere Frau von ihrem Sitz aufgestanden ist, weil sie nicht neben 50 einer Ausländerin sitzen wollte? Oder dass eine Gruppe älterer Menschen sich im Treppenhaus unterhält und dabei die ganze Treppe blockiert? Warum sagt dann eigentlich keiner „Diese Alten von heute!"? 55

Susanna Moormann

b) Lesen Sie „zwischen den Zeilen"! Welchen Aussagen stimmt die Autorin zu? Welchen nicht? Kreuzen Sie an.

	ja	nein
1. Als ich jung war, habe ich auch nicht alles gemacht, was meine Eltern wollten.	☐	☐
2. Ich finde es völlig in Ordnung, dass man seine Füße auf einen freien Sitz legt. Das mache ich in der Bahn auch manchmal.	☐	☐
3. Ich mag die Musik, die die jungen Leute heute hören, nicht. Das finde ich aber ganz normal. Meine Eltern fanden unsere Musik auch unmöglich.	☐	☐
4. Ich bin der Meinung, dass ältere Menschen sich auch schlecht benehmen dürfen. Das ist unser gutes Recht!	☐	☐
5. Man sollte wirklich mehr über die guten Seiten der Jugend sprechen.	☐	☐

7 **Alltag in der Arztpraxis**

a) **Lesen Sie den Text und markieren Sie alle Partizip I-Formen.**

In der Kinderarztpraxis von Dr. Huber ist immer viel los. Jeden Tag gibt es <mark>wartende</mark> und leider auch zu spät kommende Patienten. Im Wartezimmer sieht man spielende und manchmal auch

weinende Kinder. Die Arbeit macht Dr. Huber trotzdem viel Spaß. Er untersucht laufende Nasen und hustende Patienten. Manchmal behandelt er auch schmerzende Wunden. Das ist

oft gar nicht so einfach. „Behandelnde Ärzte brauchen deshalb Hilfe von netten Assistenten.", meint Dr. Huber.

b) **Ergänzen Sie nun die Erklärungen mit den Partizip I-Formen aus dem Text.**

1. Zu spät .... sind Patienten, die sich verspätet haben.

2. .... haben oft Schmerzen oder Angst vor dem Arzt.

3. .... kümmern sich um die Patienten.

4. .... beschäftigen sich mit einem Teddy oder Spielzeug.

5. *Wartende Patienten* .... waren noch nicht im Untersuchungszimmer.

6. .... können ein Zeichen für einen Schnupfen sein.

7. .... sind Verletzungen, die sehr weh tun.

8. .... haben wahrscheinlich eine Erkältung.

8 **Verstehen Sie „Schildersprache"? Ergänzen Sie die Sätze.**

1. Nur Personen, die in der Firma ...., dürfen den Raum betreten.

2. Das Schild warnt vor Hunden, die frei ....

3. Hier muss man auf Kinder achten, die auf der Straße ....

4. Das Schild warnt vor Gegenständen, die .... könnten.

5. Während die Maschinen ...., darf an diesen Maschinen nicht gearbeitet werden.

9 Textkaraoke: ein Missverständnis

a) Hören Sie und sprechen Sie die [Mund]-Rolle mit.

34

👄 Neumann?

👂 ...

👄 Das Auto? Welches Auto?

👂 ...

👄 Nachdem ich gegen den Baum gefahren war, haben Sie mein Auto in die Werkstatt mitgenommen?

👂 ...

👄 Nachdem man mich ins Krankenhaus gebracht hatte, hat meine Tochter Sie angerufen?

👂 ...

👄 Ich hatte mich am Kopf verletzt? Sagen Sie mal, wovon sprechen Sie überhaupt? Ich habe kein Auto, keine Tochter, hatte in den letzten Tagen keinen Unfall und war auch nicht im Krankenhaus!

👂 ....

....

b) Wie könnte sich der Mann aus der Werkstatt entschuldigen? Wählen Sie aus und schreiben sie den Satz ans Ende des Dialogs in a).

1. Ach, verzeihen Sie bitte, das war ein Versehen. Sind Sie verletzt?
2. Pardon, das ist ein Missverständnis. Ich kläre das gleich. Ist Ihre Tochter zu Hause?
3. Oh, entschuldigen Sie. Das ist mir sehr unangenehm. Ich habe die falsche Nummer gewählt.
4. Na, Sie hatten ja so ein Pech! Das tut mir leid!

c) Hören Sie jetzt den ganzen Dialog und überprüfen Sie Ihre Antwort aus b).

35

10 Eine Kettengeschichte erzählen

a) Schreiben Sie die Geschichte wie im Beispiel weiter.

Pablo öffnet die Tür. → Er geht ins Haus. → Er macht das Licht an. → Er sieht eine Notiz auf dem Tisch. → Er liest sie. → Er nimmt sein Handy aus der Tasche. → Er wählt eine Nummer. → Er ...

Nachdem Pablo die Tür geöffnet hatte, ging er ins Haus. Nachdem er ins Haus gegangen war, ...

....

....

....

....

....

b) Wie endet die Geschichte? Schreiben Sie mindestens einen letzten Satz.

1 Vom Angebot zur Auftragsbestätigung

a) Was passt? Ergänzen Sie die E-Mail.

> Anfrage – Angebot (2x) – Antwort – Auftrag – Ausdruck – Mehrwertsteuer – Unterschrift

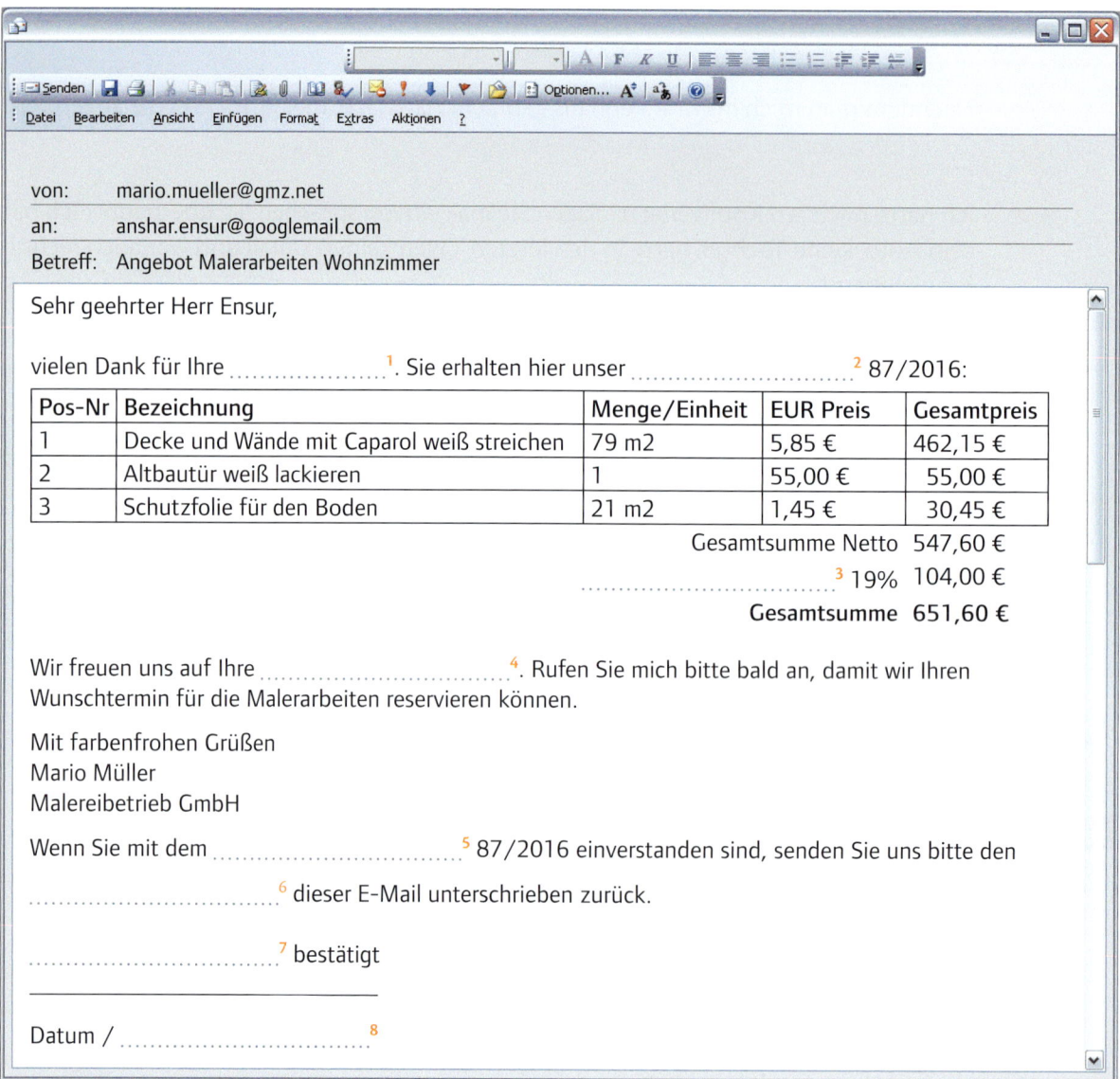

von: mario.mueller@gmz.net

an: anshar.ensur@googlemail.com

Betreff: Angebot Malerarbeiten Wohnzimmer

Sehr geehrter Herr Ensur,

vielen Dank für Ihre .... [1]. Sie erhalten hier unser .... [2] 87/2016:

Pos-Nr	Bezeichnung	Menge/Einheit	EUR Preis	Gesamtpreis
1	Decke und Wände mit Caparol weiß streichen	79 m2	5,85 €	462,15 €
2	Altbautür weiß lackieren	1	55,00 €	55,00 €
3	Schutzfolie für den Boden	21 m2	1,45 €	30,45 €

Gesamtsumme Netto 547,60 €

.... [3] 19% 104,00 €

Gesamtsumme 651,60 €

Wir freuen uns auf Ihre .... [4]. Rufen Sie mich bitte bald an, damit wir Ihren Wunschtermin für die Malerarbeiten reservieren können.

Mit farbenfrohen Grüßen
Mario Müller
Malereibetrieb GmbH

Wenn Sie mit dem .... [5] 87/2016 einverstanden sind, senden Sie uns bitte den

.... [6] dieser E-Mail unterschrieben zurück.

.... [7] bestätigt

_____

Datum / .... [8]

b) Lesen Sie die Aufgaben und hören Sie dann ein Gespräch. Stellen Sie bei jeder Aufgabe fest: Habe ich das im Text gehört oder nicht, ja oder nein? Kreuzen Sie an.

36

	ja	nein
1. Herr Ensur bestätigt den Termin für die Malerarbeiten.	☐	☐
2. Herr Ensur ist mit dem Angebot von Malermeister Müller nicht einverstanden.	☐	☐
3. Er möchte jetzt, dass die Wände gelb gestrichen werden.	☐	☐
4. Gelb ist eine warme Farbe.	☐	☐
5. Die Maler benötigen ein Farbmuster.	☐	☐
6. Die Maler räumen das Wohnzimmer aus.	☐	☐

2 **Sich beschweren und auf Beschwerden reagieren**

a) **Ärger im Alltag. Sehen Sie sich die Bilder an.**
Was ist (nicht) passiert? Warum gibt es Ärger?
Schreiben Sie Vermutungen.

1

2    3

Ich glaube, auf Bild 1 funktioniert ...

b) **Beschwerden. Lesen Sie den Dialog. Welches Bild aus a) passt?**

💬 Abfallentsorgung. Sie sprechen mit Herrn Munk. Was kann ich für Sie tun?

👆 Hier Rita Strobel. Ich möchte mich beschweren. Ich wohne in der Schnellerstraße 5. Der Müll ist immer noch da. Ich bin sehr enttäuscht, weil gestern niemand gekommen ist. Aber die Mülltonnen sind sehr voll. Das ist schon das zweite Mal in diesem Monat, dass das passiert.

💬 Entschuldigen Sie bitte. Das tut mir leid. So etwas darf eigentlich nicht passieren.

👆 Ich erwarte, dass Sie den Restmüll morgen bei uns abholen - und nicht erst wieder in der kommenden Woche. Wir wissen nicht, wohin mit dem Müll und es stinkt im Hof.

💬 Ich kann verstehen, dass das für Sie sehr ärgerlich ist. Ich schicke morgen jemanden zu Ihnen, der die schwarzen Tonnen auswechselt. Können Sie mir bitte Ihre Adresse noch einmal geben?

👆 Ja. Das ist die Schnellerstraße 5, in ...

c) **Lesen Sie den Dialog noch einmal. Vergleichen Sie mit dem Kasten.**
Welche Redemittel finden Sie? Markieren Sie im Text in b).

Redemittel	
Sich über etwas beschweren	**Auf eine Beschwerde reagieren**
Ich möchte mich bei Ihnen beschweren, weil ...	Entschuldigung/Entschuldigen Sie bitte. Das tut mir/
Ich habe bei Ihnen ... bestellt/gekauft, aber ...	uns (sehr) leid. Ich kann verstehen, dass das sehr
funktioniert nicht/ist kaputt.	ärgerlich für Sie ist.
Ich bin sehr enttäuscht von ... / , weil ...	**Einen Fehler bestätigen**
Mit der Rechnung/Lieferung/Bestellung vom ... gibt	Sie haben Recht, wir haben einen Fehler gemacht.
es ein Problem.	Stimmt, mit ... gibt es ein Problem/ist defekt/kaputt.
Sie haben das Problem ... noch immer nicht gelöst.	Das darf eigentlich nicht passieren.
Ich erwarte, dass ...	**Eine Lösung vorschlagen**
	Wir schicken sofort ... / morgen ...
	Wir könnten Ihnen ... anbieten.

d) **Beschwerden von Kunden. Wählen Sie eine Situation aus schreiben Sie einen Dialog**
wie in c).

1. Ein Gast in einem Hotel spricht mit einer Hotelmitarbeiterin. Das Problem: Die Glühbirne im Bad ist kaputt.
2. Ein Kunde hat online einen PC bestellt. Er ruft im Servicecenter an. Das Problem: Das Stromkabel fehlt.

1 Eine Buchempfehlung

a) Sehen Sie sich das Bild an. Worum geht es wahrscheinlich in dem Buch?

1. Wer ist die Hauptperson in diesem Buch?

   Vermutlich geht es um *einen König, der Dezember heißt.*

2. Wie sieht der König aus?

   Auf dem Bild kann man sehen, *dass* .

   ....

3. Wo lebt der König?

   Es könnte sein, *dass* ....

   ....

4. Der König unterhält sich manchmal mit dem Erzähler.

   Was sind ihre Themen?

   Vermutlich ....

5. Wer sollte das Buch lesen?

   Wahrscheinlich ....

b) Hören Sie die Buchempfehlung. Machen Sie sich Notizen zu den Fragen.

37

1. Wer ist die Hauptperson in diesem Buch? ....

2. Wie sieht der König aus? ....

3. Wo lebt der König? ....

4. Was ist das Thema ihrer Gespräche? ....

   ....

5. Wer sollte das Buch lesen? ....

c) Vergleichen Sie die Angaben aus der Buchempfehlung mit Ihren Vermutungen. Was ist anders?

d) Was passt in der Welt des kleinen Königs zu Personen, die schon lange gelebt haben?
37 **Lesen Sie die Angaben, hören Sie dann den Text noch einmal. Kreuzen Sie an.**

1. ☐ klein sein
2. ☐ lesen können
3. ☐ vergessen
4. ☐ arbeiten müssen
5. ☐ zu Hause bleiben

6. ☐ spielen dürfen
7. ☐ groß sein
8. ☐ schreiben können
9. ☐ zu Geschäftsessen gehen

2 Vom Größer- und Kleinerwerden

a) Lesen Sie die ersten vier Zeilen aus einem Text aus dem Buch. Wer spricht?

1. Wer ist mit *er* gemeint?
2. Wer ist mit *ich* gemeint?
3. Und wer ist mit *ihr* gemeint?

a) ☐ der Erzähler   b) ☐ der kleine König

a) ☐ der Erzähler   b) ☐ der kleine König

a) ☐ die Menschen in der Welt des kleinen Königs   b) ☐ die Menschen in der Welt des Erzählers

[...] Ich glaube, es stimmt gar nicht, dass ihr größer werdet. Ich glaube, es sieht nur so aus.", sagte **er**. „Wie kommst du denn darauf?", fragte **ich**. „Ich glaube, **ihr** fangt auch ganz groß an, wenn es stimmt, was du mir erzählst ... also, ich stelle es mir so vor: **Ihr** habt alle

5 Möglichkeiten und jeden Tag werden euch ein paar genommen. Ihr habt eine große *Fantasie*[1], wenn ihr klein seid, aber ihr wisst ganz wenig. Weil das so ist, müsst ihr euch alles vorstellen. Ihr müsst euch vorstellen, wie das Licht in die Lampe kommt und das Bild in den Fernseher, und ihr stellt euch vor, wie die *Zwerge*[2] unter den

10 *Baumwurzeln*[3] leben und wie es ist, auf der Hand eines *Riesen*[4] zu stehen. Und dann werdet ihr größer, und die noch Größeren erklären euch, wie eine Lampe funktioniert und ein Fernsehapparat. Dann lernt ihr, dass es keine Zwerge gibt und keine Riesen. Eure Vorstellungen werden immer kleiner und euer Wissen immer größer.

15 Ist das richtig?"

„Ja", *flüsterte*[5] ich und noch leiser: „Aber es ist doch auch nicht schlecht, wenn man wächst und lernt und die Welt versteht und ..." Er redete weiter: „Älter werdet ihr. Am Anfang wolltet ihr noch Feuerwehrmänner werden oder ganz was anderes und Kranken-

20 schwestern oder ganz was anderes, und eines Tages seid ihr dann Feuerwehrmänner und Krankenschwestern. Und ganz was anderes könnt ihr nicht mehr werden, dazu ist es zu spät. Das ist doch auch ein Kleinerwerden, nicht?

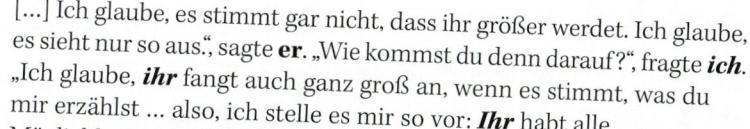

[1] Fantasie – Wenn man sich vieles (auch, was es nicht gibt) denken und vorstellen kann, hat man viel Fantasie.
[2] Zwerge – Ganz kleine Fantasiegestalten, die unter der Erde leben.
[3] Baumwurzel – Die Baumwurzeln sind in der Erde. Sie sind die „Füße" der Bäume und holen das Wasser aus dem Boden.
[4] Riesen – Sehr, sehr große Fantasiegestalten, die wie die Zwerge in Märchen auftreten.
[5] flüstern – ganz leise sprechen

b) Lesen Sie jetzt den ganzen Text und ergänzen Sie die Tabelle: Was wird im Leben der Menschen kleiner, was größer.

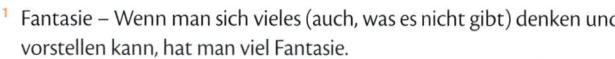

größer	die Fantasie
kleiner	

c) Welche Textzeilen passen zu den folgenden Aussagen? Notieren Sie die Zeilen.

1. Der kleine König meint, dass die Menschen in Wirklichkeit gar nicht größer werden.   Zeilen ....

2. Kinder wissen noch nicht viel. Deshalb denken sie sich viel aus.   Zeilen ....

3. Dann lernen die Kinder immer mehr, aber sie können sich immer weniger ausdenken.   Zeilen ....

4. Als Erwachsener hat man nicht mehr alle Möglichkeiten.   Zeilen ....

5. Deshalb ist das Älterwerden der Menschen auch ein Kleinerwerden.   Zeilen ....

3 Familienbeziehungen

a) **Ergänzen Sie die Wortpaare.**

♂	♀		♂	♀
1. der Vater	*die Mutter*	5. der Enkel		
2. der Bruder		6. der Onkel		
3. der Neffe		7. der Sohn		
4. der Cousin		8. der Großvater		

b) **Wer ist das? Schreiben Sie wie im Beispiel.**

1. Er ist der Bruder meiner Mutter: *Das ist mein Onkel.*

2. Sie ist die Tochter meiner Tante:

3. Er ist der Sohn meines Bruders:

4. Sie ist die Schwester meines Vaters:

5. Er ist der Großvater meiner Tochter:

6. Sie ist die Tochter meines Sohnes:

4 Meine Großeltern. **Ergänzen Sie die Possessivbegleiter im Genitiv.**

Das ist mein Großvater Ludwig mit meiner Tochter Klara. Die Geschichte seines Lebens habe ich mir bestimmt schon hundertmal angehört. Er spricht besonders oft über seine Geschwister und die Zeit *s* Kindheit. Das waren harte Zeiten, damals. Er sagt oft: „Ihr wisst gar nicht, wie glücklich die Zeit *e* Generation ist. Wir hatten oft Hunger und Angst. Abends haben wir manchmal das leise Weinen *u* Mutter gehört, wenn wieder lange kein Brief gekommen war." Als Opa ein Kind war, war Krieg, und sein Vater war viele Jahre in Russland.

Und das ist meine Großmutter Erika. Kinder sind die größte Freude *i* Lebens. Für uns ist sie der gute Geist *u* Familie. Wenn sie sich die alten Fotos *i* Kinder ansieht, wird sie manchmal traurig, weil alle so schnell erwachsen geworden sind. Sie sagt oft zu mir: „Genieß die Kindheit *d* Tochter. Du solltest mehr

Zeit für sie haben und öfter mit ihr spielen." Ohne die Unterstützung *m* Großeltern könnte ich vermutlich nur halbtags arbeiten. Dank *i* Hilfe ist das zum Glück kein Problem! Ich hoffe sehr, dass sie noch lange gesund bleiben.

5 **Goldene Hochzeit: 50 Jahre verheiratet!** *Sicher* (✓) **oder** *nicht sicher* (?)? **Kreuzen Sie an.**

	✓	?
1. Ich bin mir sicher, dass meine Großeltern ihre goldene Hochzeit groß feiern.	☐	☐
2. Wahrscheinlich laden sie die ganze Familie, die Nachbarn und ihre Freunde ein.	☐	☐
3. Ich bin überzeugt, dass das ein ganz besonders schöner Tag wird.	☐	☐
4. Vielleicht ist es zum Fest im Juni sogar schon schön sommerlich warm.	☐	☐
5. Vermutlich werden meine Tanten wieder viele leckere Kuchen backen.	☐	☐
6. Es könnte auch sein, dass wir Enkelkinder ein Lied für die Großeltern singen.	☐	☐

6 **Ingas Familienalbum**

a) **Wann könnte das gewesen sein? Ordnen Sie die Fotos den Zeiten zu.**

3	im Sommer	☐	in der Weihnachtszeit	☐	im Winter
☐	im Herbst	☐	in der Karnevalszeit	☐	in den Sommerferien

b) **Wer? Was? Wann? Ergänzen Sie die Beschreibungen der Fotos mit den folgenden Angaben und den Zeitangaben aus b) wie im Beispiel.**

> ~~Hochzeitsfoto von Ingas Eltern~~ – Foto von ihrem ersten Schultag – Urlaubsfoto von ihrer Familie – Foto von Inga als Prinzessin – Familienfoto mit ihrem kleine Brüderchen – Foto ihres neunten Geburtstags

1. Ich bin überzeugt, *dass das ein Hochzeitsfoto von Ingas Eltern ist* .

   Vermutlich *haben sie im Herbst geheiratet* .

2. Ich bin mir sicher, .

   Wahrscheinlich *war das* .

3. Es könnte sein, .

   Möglicherweise .

4. Vermutlich ist das .

   Ich nehme an, .

5. Ich vermute, .

   Ganz sicher .

6. Ich bin mir ganz sicher, .

   Wahrscheinlich, .

7 Geschichten aus dem Leben

38

a) *Seit wann ...?* Drei Personen erzählen. Hören Sie die Berichte und beantworten Sie die Fragen in Ihrem Heft.

Text 1:
a) Seit wann interessiert Heiner sich für Technik?
b) Seit wann weiß er, wie ein Radio funktioniert?

Seit er ein Kind war.

Text 2:
c) Seit wann wollte Shirin Lehrerin werden?
d) Seit wann weiß sie, dass sie Lehrerin für Sprachen sein will?

Text 3:
e) Seit wann interessiert Miriam sich für die Natur?
f) Seit wann findet sie den Beruf ihrer Eltern spannend?

b) Schreiben Sie mit den Angaben aus a) Sätze wie im Beispiel.

1. *Seit Ingo ein Kind war, interessiert er sich für Technik.* ....

   Er weiß, wie ein Radio funktioniert, seit ....

2. Seit Shirin ....

   Sie ....

3. Seit Miriam ....

   Sie findet ....

8 Dafür und dagegen. Lesen Sie die Argumente und ergänzen Sie *weder ... noch* und *nicht nur ..., sondern auch.*

1. 💬 Alle älteren Menschen sollten nicht mehr arbeiten und auch keinen Sport treiben.

   🗨 Ich finde, es gibt für manche Dinge im Leben .... ein richtiges ....
   ein falsches Alter.

2. 💬 Die meisten Erwachsenen freuen sich schon auf das schöne Leben im Rentenalter.

   🗨 Das glaube ich nicht. Viele Menschen haben .... Angst vor dem Alter,

   .... vor Krankheiten.

3. 💬 Ich meine, Kinder dürfen auch schon mal ein Bier probieren, wenn die Eltern dabei sind.
   🗨 Das sehe ich ganz anders. Es spricht wirklich alles dafür, dass Kinder und Jugendliche

   .... Alkohol trinken .... rauchen sollten.

4. 💬 Alles spricht dafür, dass jeder einmal im Leben eine lange Auslandsreise macht.

   🗨 Das klingt gut, aber leider haben viele .... die Zeit .... das Geld
   für so eine Reise.

5. 💬 Ich bin dafür, dass Kinder ihren Eltern im Haushalt helfen.

   🗨 Da stimme ich dir nicht zu. Kinder sollten .... im Haushalt helfen

   .... auf ihre kleineren Geschwister aufpassen. Sie sollten viel spielen und Zeit
   für Freunde haben.

9 Kindheit – ein Fragebogen für Erwachsene

a) Ordnen Sie jeder Frage eine passende Antwort zu.

1. [b] Was war dein größter Wunsch?

2. ☐ Was mochtest du gar nicht?

3. ☐ Was wolltest du werden?

4. ☐ Wovor hast du als Kind Angst gehabt?

5. ☐ Welche Musik hast du damals gerne gehört?

6. ☐ Was hast du als Kind am liebsten gegessen?

7. ☐ Wen hättest du damals gerne kennengelernt?

a) Als ich noch klein war, hätte ich gerne Superman getroffen.

b) Ich wollte unbedingt ein Pferd haben, aber meine Eltern waren dagegen.

c) Kinderlieder, besonders, wenn meine Oma sie für mich gesungen hat.

d) Ich fand Spaghetti mit Tomatensoße lecker. Das habe ich mir immer gewünscht.

e) Weil ich immer vom Fliegen geträumt habe, wollte ich natürlich Pilotin werden.

f) Ich fand es sehr unangenehm, wenn meine Tanten mir einen Kuss geben wollten.

g) Mein Vater war einmal ein paar Monate arbeitslos. Das war schrecklich und ich habe gedacht, dass es vielleicht immer so bleiben würde.

b) Und Sie? Beantworten Sie die Fragen aus Aufgabe a). Schreiben Sie auch, wie es heute ist.

> 1. Mein größter Wunsch war, einmal nach Disneyland zu fahren. Heute ist mein größter Wunsch, dass es meiner Familie gut geht.
> 2. Ich musste immer schon um sechs zu Hause sein. Das habe ich gehasst, denn ...
> 3. ...

10 Fitte Rentner

a) Was möchten die Rentner machen? Verbinden Sie.

Ich möchte endlich einen Computerkurs machen und **1**

Ich möchte ein Haus auf dem Land kaufen und **2**

Ich will nach Indien fahren und **3**

Ich will einen Tanzkurs machen und **4**

Ich möchte Englisch lernen und **5**

Ich möchte jeden Tag drei Stunden am Schreibtisch sitzen und **6**

a mir den Taj Mahal ansehen.

b dann eine Rundreise durch die USA machen.

c meiner Enkelin in Buenos Aires E-Mails schreiben.

d meine Biografie schreiben.

e meine Frau mit einem Tango überraschen.

f einen großen Garten haben.

b) Und Sie? Können Sie sich vorstellen, was Sie mal machen möchten, nachdem Sie in Rente gegangen sind? Schreiben Sie zwei Wünsche in Ihr Heft.

1 **Von der Stellensuche zum neuen Job.** Was macht Herr Marzouki? Ordnen Sie zu.

a ☐   b ☐   c ☐

d ☐   e ☐   f ☐

1. Er schreibt seinen Lebenslauf und das Bewerbungsschreiben.
2. Er sucht und liest Stellenanzeigen in Zeitungen und im Internet.
3. Er geht am ersten Arbeitstag in die Personalabteilung und bekommt einen Firmenausweis.
4. Er kommt gut vorbereitet mit allen Unterlagen zum Vorstellungsgespräch.
5. Er geht zu einem Fotografen, der das Foto für die Bewerbung macht.
6. Er bekommt eine Einladung zu einem Vorstellungsgespräch und übt das Gespräch zu Hause.

2 **Wie soll ich im Beruf sein?**

a) **Lesen Sie den Zeitungstext: richtig oder falsch? Kreuzen Sie an.**

„Softskills" im Beruf immer wichtiger

In vielen Firmen sind heute persönliche Eigenschaften wie Teamfähigkeit oder Belastbarkeit fast genauso wichtig wie die fachlichen Qualifikationen oder die Berufserfahrung. Das sieht man in fast jeder Stellenanzeige. Oft spricht man auch von den sogenannten Softskills. Dazu gehören zum Beispiel Kommunikations- und Teamfähigkeit, Kritik- und Konfliktfähigkeit. In vielen Unternehmen arbeitet man in Projekten. Da ist es wichtig, dass die Mitarbeiter gut und möglichst ohne Streit im Team zusammenarbeiten können. Aber genauso wichtig sind persönliche Stärken wie Fleiß, Motivation und Selbstständigkeit.

	richtig	falsch
1. Im Beruf sind persönliche Eigenschaften wichtiger als die Berufserfahrung.	☐	☐
2. Von den Bewerbern werden in Stellenanzeigen oft nicht nur fachliche Qualifikationen und Berufserfahrung verlangt.	☐	☐
3. Softskills ist ein anderes Wort für persönliche Eigenschaften.	☐	☐
4. Wer in Teams arbeitet, braucht vor allem Fleiß und Motivation.	☐	☐

b) Softskills: Was ist was? Verbinden Sie.

Wer belastbar ist,	**1**		**a**	ist pünktlich und macht seine Arbeit immer gut.
Wer flexibel ist,	**2**		**b**	kann Aufgaben ohne Hilfe von anderen erledigen.
Wer selbstständig arbeitet,	**3**		**c**	kann akzeptieren, dass man auch mal Fehler macht.
Wer zuverlässig ist,	**4**		**d**	kann auch in schwierigen Situationen z. B. mit viel Stress gut arbeiten.
Wer teamfähig ist,	**5**		**e**	arbeitet sehr genau und macht wenig Fehler.
Wer kritikfähig ist,	**6**		**f**	kann sich auf unterschiedliche Situationen einstellen, schnell reagieren und neue Aufgaben übernehmen.
Wer gründlich und ordentlich ist,	**7**		**g**	kann mit anderen fair und gut zusammenarbeiten.

c) Lesen Sie die Stellenanzeigen und markieren Sie die Qualifikationen und Eigenschaften, die der/die Bewerber/in haben soll. Verstehen Sie alles? Arbeiten Sie mit einem Wörterbuch und vergleichen Sie mit b).

Altenpflegerhelfer/in

Werden Sie ein Teil von uns!

Unsere Anforderungen:
Sie haben bereits die Qualifikationen und die notwendige Erfahrung oder sind ein Berufs-einsteiger und suchen „Ihren" geeigneten Arbeitsplatz
Sie sind zuverlässig und haben ein hohes Verantwortungsbewusstsein.
Sie habe Freude an der Arbeit an unter-schiedlichen Einsatzorten.
Sie sind offen und kommunikativ und arbeiten gern in einem Team.
Das bieten wir Ihnen:

Servicemitarbeiter (m/w) gesucht
in Vollzeit

Deine Aufgabe:
Service am Gast – Bestellungen aufnehmen, servieren, beraten und kassieren
Wochenkarte empfehlen
Reservierungen annehmen

Das solltest du mitbringen:
– Spaß und Freude am Umgang mit Menschen
– gute Kommunikationsfähigkeit
– Du denkst mit, arbeitest eigenverantwortlich und selbstständig
– Einsatzbereitschaft, Belastbarkeit und Flexibilität
– ausreichend praktische Erfahrungen

d) Und Sie? Ergänzen Sie die Tabelle. Fragen und antworten Sie im Kurs.

Ausbildung (Wann? Wo?)	Berufliche Qualifikationen (Welche?)	Berufserfahrung (Wann und wo gearbeitet?)	Persönliche Stärken
zum/zur:	*Weiterbildung:*		
Studium:	*Abschluss mit Note:*		

Ich habe in Madrid Elektrotechnik studiert.

Was hast du für eine Ausbildung?

Wann war das?

1 Migration – für beide Seiten ein Gewinn!

a) Hören Sie die Geschichte von drei Menschen mit Migrationshintergrund. Welches Foto passt zu wem? Ordnen Sie zu.

39

1. Niguyen Gan
2. Victor Göllner
3. Emin Demir

b) Hören Sie noch einmal. Zu wem passen die Informationen? Kreuzen Sie an.

39

	Niguyen Gan	Victor Göllner	Emin Demir
1. Er hat seinen Schulabschluss nicht in Deutschland gemacht.	☐	☐	☐
2. Er fühlte sich in Deutschland zuerst nicht willkommen.	☐	☐	☐
3. Er hatte in den ersten Jahren Probleme mit der deutschen Sprache.	☐	☐	☐
4. Er ist in Deutschland aufgewachsen.	☐	☐	☐
5. Er ist heute stolzer Hausbesitzer.	☐	☐	☐
6. Er hat die Träume seiner Eltern nicht immer verstanden.	☐	☐	☐
7. Er reist regelmäßig in seine alte Heimat.	☐	☐	☐
8. Er wollte nicht in das Land seiner Eltern zurückkehren.	☐	☐	☐

c) So geht es weiter. Lesen Sie die Texte und ordnen Sie eine Person aus b) zu.

1. ....

Ganz langsam wurde alles besser. Die Kinder waren in der Schule, seine Frau arbeitete in einem Frisörsalon und 2003 ist die Familie in ihr eigenes Haus mit Garten umgezogen. Das hat der Familienvater selbst gebaut! Sein Chef, mit dem er sich immer gut verstanden hat, hat keine Kinder. Deshalb hat sein ältester Sohn nach der Ausbildung den Betrieb übernommen. Heute beschäftigt er über zehn Angestellte aus der Region und bietet jedes Jahr mindestens zwei Ausbildungsplätze an.

2. ....

Heute ist der gelernte Bankkaufmann ein bekannter Politiker in seiner Heimatstadt. Er spricht offen über seine Vergangenheit, denn er möchte Jugendlichen mit Migrationshintergrund zeigen, dass sie in Deutschland eine Chance haben, wenn sie zur Schule gehen, die Sprache lernen und sich anstrengen.

3. ....

Die Menschen in dem kleinen Dorf warten schon auf ihn, denn der Mann aus Deutschland bringt ihnen wichtige Medikamente und Material für die neue Dorfschule mit. In seiner Arztpraxis in Berlin kümmert er sich auch um viele Flüchtlinge, die oft noch keine Krankenversicherung haben und noch nicht Deutsch sprechen. Mit dieser Arbeit möchte er sich bei den Deutschen bedanken.

d) Hören Sie jetzt die Fortsetzungen. Waren Ihre Antworten aus c) richtig?

40

2 **Wortschatz Migration.**
Ordnen Sie den Definitionen passende Nomen zu.

Flüchtlinge Zuwanderer Arbeitslosigkeit Integrationskurs Asyl Migration Auswanderer Gründe Spätaussiedler Konflikte Gastarbeiter Übersee Urlaub Asylantenheim

1. *Zuwanderer* .... : Menschen aus dem Ausland, die bei uns leben und arbeiten.

2. .... : Erste Unterkunft für Flüchtlinge, die gerade angekommen sind.

3. .... : So wurden Menschen, die als Arbeitskräfte angeworben wurden, genannt.

4. .... : Bildungsangebot für Zuwanderer: Sprache und Orientierung.

5. .... : Deutsche, die z. B. aus Russland nach Deutschland zurückgekommen sind.

6. .... : Die Aus- und Einwanderung von Menschen.

7. .... : Menschen, die ihre Heimat aus verschiedenen Gründen verlassen.

8. .... : Menschen, die ihre Heimat aus Angst vor Verfolgung und Krieg verlassen.

3 **Relativpronomen im Genitiv.** **Verbinden Sie die Sätze wie im Beispiel.**

1. Meine Nachbarin kommt aus Polen. Ich passe manchmal auf ihre Kinder auf.

   Meine Nachbarin, auf deren Kinder ich manchmal aufpasse, kommt aus Polen. ....

2. Herr Özdemir geht im Juli in Rente. Ich kaufe oft in seinem Lebensmittelgeschäft ein.

   ....

3. Heute steht ein Artikel über Frau Tran in der Zeitung. In ihrem Frisörsalon sind noch zwei Ausbildungsplätze frei.

   über ....

   ....

4. Mein Freund Ivan fühlt sich hier in Bremen zu Hause. Seine Eltern kommen aus der Ukraine.

   ....

5. Die Meiers reisen zum ersten Mal nach Indien. Ihr Sohn arbeitet in Neu Delhi.

   ....

6. Mein neuer Chef kommt aus Korea. Seine Kinder besuchen hier die internationale Schule.

   ....

7. Unsere Software-Firma ist schon seit 14 Jahren hier. Die Zentrale ist in Singapur.

   ....

4 **Arbeitsalltag. Lesen Sie die Texte und markieren Sie alle Aufgaben aus dem Arbeitsalltag. Dann schreiben Sie Sätze mit *lassen* + Infinitiv.**

Jekaterina Lutschko (28) kommt aus der Ukraine und arbeitet seit zwei Jahren an der Rezeption in einem großen Hotel in München. Die Arbeit ist oft anstrengend. Ständig klingelt das Telefon. Ihre Gäste haben ganz unterschiedliche Wünsche. Oft soll sie den Gästen ein Taxi rufen, oder sie möchten, dass jemand ihr Gepäck zum Flughafen bringt. Manche wollen auch, dass Jekaterina ihnen Karten für die Oper oder das Theater reserviert oder möchten, dass der Kellner das Essen aufs Zimmer bringt. Langweilig wird es in ihrem Beruf nie!

1. *Das Gäste lassen Frau Lutschko ein Taxi rufen.*

2. ....

3. ....

4. ....

Khalil Salim Jandali (34) ist eigentlich Bauingenieur. Er kommt aus Syrien und lebt seit zehn Monaten mit seiner Frau und den beiden Kindern in Deutschland. Khalil arbeitet jetzt in einem arabischen Lebensmittelgeschäft in Frankfurt, das einem Freund seiner Eltern gehört. Weil er schon etwas Deutsch konnte und einen Führerschein hat, muss er jeden Morgen zuerst auf dem Großmarkt einkaufen. Anschließend räumt er die frischen Waren in die Regale und Kühlschränke. Um 8 Uhr öffnet Kahlil das Geschäft. Dann bereitet er noch die Rechnungen für seinen Chef vor. Wenn er um 9 Uhr kommt, muss alles fertig sein.

5. *Sein Chef lässt Khalil jeden Morgen auf dem Großmarkt einkaufen.*

6. *Er lässt ihn* ....

....

7. ....

8. ....

5 **Was glauben Sie: Was macht Frau Piepenbrink selbst, was lässt sie machen?**

1. ihre Haare waschen / ihre Haare schneiden

   Sie wäscht ihre Haare selbst, aber sie lässt sie schneiden.

2. ihre Wohnung neu streichen / ihre Wohnung putzen

   ....

3. eine neue Waschmaschine aussuchen / eine neue Waschmaschine nach Hause bringen

   ....

4. den Teppich staubsaugen / den Teppich einmal im Jahr chemisch reinigen

   ....

5. die Bäume schneiden / den Garten pflegen

   ....

6 Das Verb *lassen* in der Alltagssprache

a) Sehen Sie sich die Bilder an und ordnen Sie die Aussagen zu.

a) Jetzt lasse ich es mir richtig gut gehen.

b) Das lasse ich mir nicht gefallen! Ich mache jetzt auch nichts mehr.

c) Hmm, Apfelkuchen mit Sahne. Das lasse ich mir nicht nehmen.

d) So kannst du sie nicht gehen lassen!

e) Das lasse ich lieber andere machen, die das besser können.

f) Lass mich jetzt nicht allein!

b) Hören Sie und überprüfen Sie Ihre Lösung aus a).

41

7 Wiederholung Passiv im Präteritum. Ergänzen Sie die fehlenden Verben wie im Beispiel.

> nennen – stoppen – akzeptieren – ~~holen~~ – erlauben – unterschreiben – gründen

1. 1961 ....*wurde*........ von der Bundesrepublik Deutschland und der Türkei ein Vertrag über die Einwanderung von Arbeitskräften ....

2. In den folgenden Jahren ....*wurden*........ viele Gastarbeiter aus der Türkei nach Deutschland ....*geholt*........

3. Ausländer, die in dieser Zeit zum Arbeiten nach Deutschland kamen, ... Gastarbeiter ....

4. Schon 1962 .... der erste Verein türkischer Arbeitnehmer in Köln und Umgebung ....

5. Wegen der Wirtschaftskrise .... die Einwanderung weiterer Arbeitskräfte aus der Türkei und anderen Ländern 1973 ....

6. Den direkten Familienangehörigen der Gastarbeiter .... auch nach 1973 die Einwanderung in den Bundesrepublik Deutschland ....

7. Trotzdem .... die Bundesrepublik von der Politik noch sehr lange nicht als Einwanderungsland ....

8 **Passiversatzform** *man.* **Für Touristen und Einwanderer können deutsche Schilder ein Problem sein. Was soll** *man* **hier (nicht) machen?**

Betreten des Rasens verboten!
Hunde an der Leine führen
Der Verwalter

1

Tiere bitte nicht füttern

2

3 Zeigen Sie Ihren Ausweis an der Kasse vor.

4 Nur weißes Glas einwerfen!

5 Das Spielen im Treppenhaus ist verboten!
Der Eigentümer.

1. Man soll den Rasen nicht betreten und ....

2. ....

3. ....

4. ....

5. ....

9 **Berufe beim Film. Wer macht was? Verbinden Sie.**

Regisseure **1**   **a** nehmen die Bilder auf.
Schauspieler **2**   **b** schminken die Schauspieler.
Autoren **3**   **c** kümmern sich u.a. ums Geld.
Kameramänner und –frauen **4**   **d** spielen eine Figur aus dem Film.
Maskenbildner **5**   **e** schreiben das Drehbuch.
Produzenten **6**   **f** leiten die Dreharbeiten.

10 **Neues Land – neues Glück? Ein Leserbrief**

a) **Lesen Sie den Leserbrief rechts und sammeln Sie in der Tabelle positive und negative Aspekte zum Thema Migration.**

positiv ☺	negativ ☹
alle machen positive Erfahrungen	Bürokratie
neue Heimat ist interessanter	finanzielle Unsicherheit

Ihre Meinung ist uns wichtig – Leserbriefe

In Ihrem Artikel "Gut angekommen" vom 24.05.2016 berichten Sie über Deutsche, die ihre Heimat verlassen haben und in die USA, nach Spanien oder Thailand ausgewandert sind. Alle haben nur positive Erfahrungen gemacht. Auswandern, so sagen diese Menschen, war schon immer ihr Traum und sie haben lange dafür gespart. In ihren Augen ist die neue Heimat interessanter, das Wetter besser oder das Leben nicht so teuer. Sicher, am Anfang hatten sie Probleme mit der Sprache, der Bürokratie oder der anderen Kultur. Aber schon nach kurzer Zeit haben sie Arbeit, ein schönes Haus und viele neue Freunde. Alles ist gut. Nicht nur für Kinder und Jugendliche sind die neue Sprache und das Kennenlernen der anderen Kultur ein Vorteil. Einverstanden.

Trotzdem habe ich mich auch ein wenig über Ihren Artikel geärgert. Besonders in der letzten Zeit gibt es wieder viele Menschen, die ihre Heimat für immer verlassen müssen, weil sie sich dort nicht mehr sicher fühlen oder keine Arbeit finden können. Bei den meisten Migranten, die nach Deutschland, Österreich oder in die Schweiz kommen, stehen politische oder religiöse Konflikte und finanzielle Unsicherheit am Anfang ihres Weges. Die Angst vor der Zukunft im eigenen Land ist oft größer als die Angst vor den Problemen einer Flucht oder Auswanderung. Wer nicht aus persönlichem oder privatem Interesse, sondern als Einwanderer ohne eine qualifizierte, anerkannte Ausbildung und mit nur wenig Geld in ein fremdes Land kommt, der ist nicht bei allen willkommen. Manche Menschen sind unfreundlich zu den Zuwanderern. Oft ist das so, weil sie Angst vor Fremden haben, die eine andere Sprache sprechen und eine andere Religion und Kultur haben. Dann kann es leicht zu Missverständnissen auf beiden Seiten kommen.

Die Auswanderer in Ihrem Artikel fühlen sich im Ausland willkommen und haben schnell neue Freunde gefunden. Wer in der neuen Heimat aber fast nur Probleme hat, verliert schnell seine Offenheit und vielleicht auch seine Energie. In einer schwierigen Situation sucht wohl jeder Mensch nach anderen Menschen aus seiner Heimat, bei denen er sich ein bisschen zu Hause fühlen kann.

Aber ich glaube auch, dass es für alle besser ist, wenn man dem neuen Land oder den neuen Nachbarn gegenüber neugierig bleibt. Dabei hilft es sehr, wenn man die Sprache lernt. Dann ist es leichter, Kontakte aufzubauen und in der neuen Heimat Arbeit und auch neue Freunde zu finden. Deshalb ist es auch sehr wichtig, dass der Staat beim Lernen der neuen Sprache hilft, zum Beispiel mit Integrationskursen. Ich stimme Ihnen daher zu, dass Migration ein Gewinn für alle sein kann. Aber die Probleme sollten auch gesehen werden. Nur dann kann man sie lösen!

Işkin Demir, Wuppertal.

b) **Sehen Sie sich noch einmal Ihre Angaben in der Tabelle an. Was finden Sie (nicht) richtig?**

1. Ich vermute, *dass nicht alle deutschen Auswanderer im Ausland nur positive Erfahrungen machen.*

2. Ich meine auch, dass

3. Ich nehme an, dass

4. Wahrscheinlich ist es so, dass

5. Ich kann mir gut vorstellen, dass

6. Die beste Lösung ist meiner Meinung nach, dass

1 Eine Klassenfahrt

a) Lesen Sie den Info-Kasten und ergänzen Sie die Tabelle in Ihrem Heft.

> **Landeskunde**
>
> Klassenfahrten und Wandertage sind schulische Veranstaltungen, die außerhalb der Schule stattfinden. Es gibt eintägige Ausflüge, die meistens nicht mehr als zweimal pro Schuljahr stattfinden, und mehrtägige Klassenfahrten, die aber nicht jedes Jahr gemacht werden. An Wandertagen oder Klassenfahrten sollen alle Schüler und Schülerinnen einer Klasse teilnehmen, denn sie fördern das Lernen außerhalb der Schule. Während einer Klassenfahrt lernt man wichtige Regeln des Zusammenseins und alle lernen sich besser kennen. Die Fahrten werden von den Lehrern, Schülern und Eltern gemeinsam geplant und vorbereitet.

	Wie lange?	Wie oft?	Wer fährt mit?	Planung?
Wandertage				
Klassenfahrten				

b) Sehen Sie sich die Collage an. Was ist das Ziel der Klassenfahrt? Welche Informationen bekommen Sie noch?

Das Bünder Schullandheim auf Wangerooge

wangerooge

Inselkarte

mit Schiffsfahrplan und Flugplan

Ich fahre in den Urlaub und packe in den Koffer.

Kleidung

- ☐ Unterwäsche
- ☐ Strümpfe/ Socken
- ☐ Hemd/Bluse
- ☐ Jacke
- ☐ Strickjacke
- ☐ Lange Hosen
- ☐ kurze Hosen
- ☐ Pullover
- ☐ T-Shirt
- ☐ Kleid/Rock
- ☐ Schlafanzug/Nachthemd
- ☐ Bademantel
- ☐ festes Schuhwerk (Wandern)
- ☐ Hausschuhe
- ☐ Sandalen
- ☐ Sportschuhe
- ☐ Sportbekleidung
- ☐ Gürtel
- ☐ Badesachen
- ☐ Badeschuhe

- ☐ Nagelfeile/Nagelsch...
- ☐ Körpercreme/ Body
- ☐ Zahnspange/Reinig
- ☐ Deo
- ☐ Handcreme
- ☐ Spiegel
- ☐ Fön / Lockenstab
- ☐ Nagellack/ -entfern
- ☐ Tampons/Binden
- ☐ Schminkutensilien
- ☐ Labello
- ☐ Wattestäbchen
- ☐ Haarspange/-gu...
- ☐ Taschentücher
- ☐ Waschlappen
- ☐ Handtücher
- ☐ Parfüm

Sonstiges
- ☐ Schreibzeug/...
- ☐ Handtas...
- ☐ Schm...
- ☐ Br...

Erklärung anlässlich der Klassenfahrt der Klasse 6c nach Wangerooge vom 22. 09. bis 28. 09. 2017.

Name der/des Tochter/Sohnes:

Name: _____   Vorname: _____

Geburtsdatum: _____   Geburtsort: _____

Anschrift der Eltern (Versicherter)

Name: _____

Straße: _____   Vorname: _____

Tel.: _____ (priv.) _____ (Job) _____ (sonstige)   Wohnort: _____

Krankenversicherung des Kindes: Versicherung: _____

o Die Kassenkarte stelle ich den Begleitpersonen zur Verfügung.
o Den Impfpass stelle ich den Begleitpersonen zur Verfügung.

Einverständniserklärung der Eltern

1. Wir erklären uns damit einverstanden, dass unser Kind an allen geplanten Veranstaltungen (Ausflüge, Schwimmen, Wanderung, Rahmenprogramm) teilnimmt.
2. Wir erklären uns damit einverstanden, dass unser Kind unter Aufsicht baden darf:
   - O   mein Kind kann schwimmen*
   - O   mein Kind kann nicht schwimmen*
3. Wir erklären uns damit einverstanden, dass unser Kind zeitweise auch ohne Beaufsichtigung in Kleingruppen sein kann (mindestens 3er-Gruppen; z.B. beim Bummel im nahe liegenden Dorf).
4. Wir wissen, dass unser Kind den Anordnungen der beaufsichtigenden Lehrer nachzukommen hat. Uns ist bekannt, dass unser Kind auf unsere Kosten nach Hause geschickt werden kann, wenn es grob gegen die Anweisungen der beaufsichtigenden Lehrer oder der Hausordnung (als Kopie dem Schreiben beigefügt) verstößt.

........................, den..................
(Ort)

....
(Unterschrift des/der Erziehungsberechtigten)

c) Füllen Sie die Erklärung aus. Sie haben einen 12-jährigen Sohn.

2 **Ein Telefongespräch**

a) Karin Bayer konnte an dem Elternabend, bei dem über die Klassenfahrt gesprochen wurde, nicht teilnehmen. Sie ruft eine andere Mutter an, um sich zu informieren. Ergänzen Sie die Fragen.

💬 Susanne Kröger. Hallo?

👄 Hallo Susanne, hier ist Karin. Sag mal, warst du gestern auf dem Elternabend?

   Habt ihr _____?

💬 Ach, hallo Karin. Ja, schade, dass du nicht dabei warst. Wir wissen jetzt alles über die

   Klassenfahrt.

👄 Na, dann erzähl doch mal. _____?

💬 Ja, stell dir vor. Sie fahren an die Nordsee. Auf die ostfriesische Insel Wangerooge. Dort gibt es ein

   Schullandheim. Die Kinder können viel Sport machen, das Meer sehen und sie werden oft an

   der frischen Luft sein. Das wird Jonas gefallen.

👄 Die Seeluft soll ja so gesund sein. _____?

💬 Viel früher als geplant. Wegen des Wetters sollen die Kinder schon Ende September fahren.

   Wenn sie Glück haben, gibt es dann noch ein paar warme Tage.

👄 _____?

💬 Vom 22. bis zum 28. September, also sieben Tage.

👄 _____?

💬 Die sieben Tage kosten insgesamt, also mit Essen, Anfahrt und Übernachtungen im

   Schullandheim 240 Euro – das ist wirklich günstig.

👄 Frau Dormann braucht das Geld bestimmt bald. Bis _____?

💬 Ja, bis spätestens 3. September muss das Geld eingezahlt werden. Das ist für manche nicht leicht.

   Aber es gibt Zuzahlungen aus dem Verein „Freunde der Sternberg-Schule".

👄 Gott sei Dank – es wäre doch schade, wenn nicht alle Kinder mitfahren könnten.

   _____?

💬 Es gibt eine Checkliste mit allem, was die Kinder brauchen. Das wichtigste wird Regenzeug sein –

   an der Nordsee stürmt es oft!

👄 Von _____?

💬 Frau Dormann hat uns schon alle Dokumente mitgegeben. Die Checkliste, aber auch die

   Einverständniserklärung und die Bankverbindung für die Überweisung. Ich habe für dich alles

   mitgenommen.

👄 Du bist ein Schatz. Vielen Dank.

🔊 **b) Jetzt hören Sie das Telefongespräch und kontrollieren Sie Ihre Lösung.**

42

1 **Herzlichen Glückwunsch, Europäische Union!** Die EU feierte im Jahr 2007 ihren 50. Geburtstag. Drei Europäer haben ihr damals in einem Forum gratuliert.

a) Lesen Sie die Einträge. Welche Themen kommen vor? Kreuzen Sie an.

	Geschichte	Wirtschaft	Sicherheits-politik	Migration	Reisen	Sprachen	Kulturen	Kindheit	Arbeit	Lebensmittel/Spezialitäten
Beitrag 1	☐	☐	☐	☐	☐	☐	☐	☐	☐	☐
Beitrag 2	☐	☒	☐	☐	☐	☐	☐	☐	☐	☐
Beitrag 3	☐	☐	☐	☐	☐	☐	☐	☐	☐	☐

www.freundedereu.com

Suche   Aktuelles   Presse   Forum

Liebe Europäische Union,

ich war drei Jahre alt, als der Zweite Weltkrieg zu Ende und wieder Frieden war. Als Kind habe ich vom Krieg fast nichts gemerkt. Davon habe ich erst später durch Erzählungen und aus Büchern mehr erfahren. So habe ich verstanden, wie wichtig es für uns alle ist, in Frieden und Freiheit zu leben. In Westeuropa begannen die Politiker schon in den 1950er Jahren, eine Gesellschaft des Dialogs aufzubauen. Sie wussten damals schon, dass gemeinsames Handeln dem Frieden dient. Zum Dialog gehört auch, dass meine Enkel heute in der Schule z. B. Englisch, Französisch oder Spanisch lernen und Partnerschulen im europäischen Ausland besuchen. In Europa leben heute auch viele Menschen, die ihre Heimat verlassen mussten, weil es für sie dort nicht mehr sicher war. Hoffen wir, dass hier bald alle wirklich friedlich zusammenleben können!

Herzlichen Glückwunsch und alles Gute für die Zukunft von Louis de Clerk aus Belgien!

Liebe Europäische Union,

ich danke dir für die Möglichkeiten, die du mir und meinen Mitbürgern aus Lettland seit 2004 bietest. Die Mitgliedschaft in der Europäischen Union zeigt sich nicht nur in der Arbeit von EU-Institutionen und in der wirtschaftlichen Entwicklung. Europa bedeutet für mich viel mehr! Da sind zum Beispiel der wunderbare Kaffee in Rom, ein Urlaub am Mittelmeer in Spanien, meine Freunde aus Riga, die jetzt in Kopenhagen leben und arbeiten, Käse aus Holland und Walzertanzen in Wien. Vor 2004 war das für mich unvorstellbar! Du hörst nicht auf, mich jeden Tag zu überraschen. Ich frage mich manchmal, wann endlich alle Europäer sich über deine Mischung aus Einheit und Vielfalt freuen können.

Herzlichen Glückwunsch zum Geburtstag von Girts Salmgriezis aus Lettland!

www.freundedereu.com

Suche   Aktuelles   Presse   Forum

Liebe EU,

das Interrail-Ticket, das die Deutsche Bahn 1972 eingeführt hat, war die Fahrkarte meiner Generation nach Europa. Wir waren auch die Ersten, die im Europa der offenen Grenzen groß geworden sind. Während sich die europäische Gemeinschaft in der großen Politk weiter entwickelte und du zum ersten Mal um drei Länder – Irland, Großbritannien und Dänemark – gewachsen bist, haben wir Europa im Kleinen – Bahnhof für Bahnhof und Stadt für Stadt – entdeckt. So konnten wir andere Kulturen und neue Perspektiven kennenlernen. Die Offenheit, die wir unterwegs lernten, war für uns auch später im beruflichen Leben sehr hilfreich.

Ich meine, wir sollten mehr an die positiven Dinge denken, die dich in den letzten 50 Jahren nach vorne gebracht haben: Wir sollten optimistischer sein, nicht so viel Angst vor den Schwierigkeiten haben, anderen gegenüber offen und tolerant sein und so mutig sein, nicht nur Probleme, sondern auch Vorteile und Lösungen zu sehen.

Alles Gute zum 50. von Günter Schwenker aus Deutschland!

b) **Lesen Sie die Beiträge noch einmal. Zu welchen Personen passen diese Aussagen am besten?**

	Louis	Girts	Günter
1. Am wichtigsten ist, dass es zwischen den europäischen Staaten nie wieder Krieg gibt. Das wünsche ich den nächsten Generationen!	X	☐	☐
2. Die Europäische Union war schon Ende der 70er Jahre für meinen Start ins Berufsleben nützlich.	☐	☐	☐
3. Ich finde Europa toll, weil wir jetzt die Möglichkeit haben, auch ohne komplizierte Visumanträge in den westeuropäischen Ländern zu leben und zu arbeiten.	☐	☐	☐
4. Dieses Jahr machen meine Kinder eine Europareise. Schade, dass sie fliegen und nicht mit der Bahn fahren. So lernen sie unterwegs nicht so viel über Europa.	☐	☐	☐
5. Meine Enkelin spricht Französisch, Niederländisch und Englisch. Ich wünschte, wir hätten in der Schule auch zwei europäische Sprachen gelernt.	☐	☐	☐
6. Vielleicht mache ich bald eine Reise nach Dänemark und besuche dort Freunde aus meiner Heimat.	☐	☐	☐
7. Obwohl wir wirklich nicht mehr die Jüngsten sind, reisen wir noch immer gern durch Europa. Im Frühling machen wir eine Mittelmeer-Kreuzfahrt.	☐	☐	☐
8. Wenn ich nur ein paar Jahre später geboren wäre, hätte ich sicher ein Schüler-Austauschjahr im Westen gemacht!	☐	☐	☐

2 **Das ist Europa**

a) **Welche Präpositionen passen zu diesen Verben? Lesen Sie den Text und ergänzen Sie.**

1. gehören ....

3. sich bewerben ....

5. verstoßen ....

2. bestehen ....

4. beitragen ....

6. sich wenden ....

Im Jahr 1957 unterschrieben die Regierungschefs von sechs europäischen Staaten die Römischen Verträge. Neben Frankreich, Belgien, den Niederlanden, Luxemburg und Italien gehörte auch Deutschland zu den Gründungsmitgliedern. Heute besteht die EU schon aus 28 Staaten, und weitere Länder bewerben sich um die Mitgliedschaft. Aber es gibt auch Kritiker, die z. B. meinen, dass die

Verwaltung der EU zu bürokratisch und viel zu teuer ist. In einigen Mitgliedstaaten gibt es auch Probleme mit der Wirtschaft oder der Integration. Trotzdem kann man sagen, dass die EU in Europa auch zu mehr Frieden und Sicherheit beigetragen hat. Auch ein Staat kann gegen die Gesetze verstoßen. Dann können sich anderen Mitgliedstaaten an den Europäischen Gerichtshof wenden.

b) **Schreiben Sie mit den Angaben im Text aus a) passende Fragen mit** *wo* **(+*r*)**
   + Präposition.

1. *Wozu gehört Deutschland?* ....

Zu den Gründungsmitgliedern.

2. ....

Aus 28 Mitgliedsstaaten.

3. ....

Um die Mitgliedschaft in der EU.

4. ....

Zu mehr Frieden und Sicherheit in Europa.

5. ....

Gegen die Gesetze.

6. ....

An den Europäischen Gerichtshof.

3 **Assoziationen zu Europa.** **Welche Wörter fallen Ihnen ein? Ergänzen Sie.**

.... F R I E D E N ....

.... U ....

.... R ....

.... O ....

.... P ....

.... A ....

4 **Wie gut kennen Sie Europa?** Kreuzen Sie die richtige Antwort an. Die Texte auf S. 76–78 können helfen.

1. Welche Institution hat ihren Sitz in Frankfurt am Main?
   a) ☐ der Europäische Rat
   b) ☐ die Europäische Zentralbank (EZB)
   c) ☐ der Europäische Gerichtshof

2. In welchem Jahr feierte die Europäische Union ihren 50. Geburtstag?
   a) ☐ 1989
   b) ☐ 2004
   c) ☐ 2007

3. Welches Land wurde u. a. 2004 Mitglied der EU?
   a) ☐ Belgien
   b) ☐ Irland
   c) ☐ Lettland

4. Welches Land ist kein Gründungsmitglied?
   a) ☐ Frankreich
   b) ☐ Großbritannien
   c) ☐ Italien

5 **Podcast von Hannes: Wer regiert eigentlich die Europäische Union?**

🔊 43 **a)** Hören Sie den ersten Teil des Podcasts und schreiben Sie die Fragen mit.

Frage	Antwort
1. *Wie viele Mitgliedstaaten hat die EU?*	
2.	
3.	
4.	
5.	

b) Beantworten Sie nun die Fragen von Hannes.

🔊 44 **c)** Hören Sie im zweiten Teil die Lösungen zu den Fragen. Haben Sie alles gewusst?

6 **Über Politik sprechen.** Verbinden Sie die Satzteile und schreiben sie die Sätze.

1. Bei uns in ... spricht man
2. Ich interessiere mich auch/aber
3. Ich bin/war in (meiner Heimat)
4. Meine Freunde finden es (auch)
5. Für mich sind Frieden und Sicherheit
6. Wenn ich Politiker(in) wäre, würde ich

(nicht) oft/nie
nie/lange
(nicht) die wichtigsten
(nicht/sehr) wichtig,
nicht/sehr
mehr

Mitglied in einer Partei.
über Politik.
Ziele der Politik.
mit den Bürgern sprechen.
für Politik.
über Politik zu sprechen.
...

1. *Bei uns in Deutschland spricht man oft über Politik.*
2.
3.
4.
5.
6.

7 **Wortbildung mit -keit oder -heit**

a) **Finden Sie die Adjektive in den Nomen.**

1. Mehrsprachigkeit *mehrsprachig* ....

2. Unpünktlichkeit ....

3. Möglichkeit ....

4. Gemeinsamkeit ....

5. Zufriedenheit ....

6. Sicherheit ....

7. Krankheit ....

8. Freiheit ....

b) **Ergänzen Sie den Text mit sechs passenden Nomen aus Aufgabe a).**

In meiner Familie sprechen alle mindestens drei Sprachen!

Meine Eltern sind in den 70er Jahren aus Portugal nach Deutschland gekommen und ich bin hier aufgewachsen. In meiner

Familie ist ...*Mehrsprachigkeit*... ganz selbstverständlich. Weil mein Mann aus Polen kommt, hatten unsere Kinder die

.............................[1], zu Hause Portugiesisch und Polnisch zu lernen. Natürlich sprechen wir auch alle Deutsch. Am Anfang fehlte meinem Mann noch die

sprachliche ....[2], aber jetzt spricht er sogar fast ohne Akzent Deutsch. Ich habe Michal zufällig in Portugal kennen gelernt. Auch er hat als Pole 1992 die neue

.............................[3] genossen und ist durch ganz Europa gereist. Auf dem Bahnhof in

Lissabon ärgerte Michal sich am Fahrkartenschalter über die ....[4] der Züge. Ich wollte ihm helfen, damit es schneller geht, und merkte, dass er Deutsch sprach.

Ich glaube, ohne diese überraschende ....[5] hätte ich seine Einladung auf einen Kaffee nicht angenommen. Ein Jahr später haben wir geheiratet. Wir leben in Deutschland, aber unsere Heimat heißt Europa. Uns geht es richtig gut!

Diese ....[6] wünschen wir uns auch für unsere Kinder.

8 **Endlich in Rente!**

a) **Negation mit *nicht* oder *keine*? Ergänzen Sie.**

1. *nicht* .... früh aufstehen

2. .... pünktlich im Büro sein

3. .... E-Mails schreiben

4. .... Präsentationen vorbereiten

5. .... Geschäftsreisen machen

6. .... nett zu allen Kunden sein

b) **Formulieren Sie die Angaben aus der Liste in a) mit *brauchen + zu + Infinitiv*.**

1. *Ab morgen brauche ich brauche nicht früh aufzustehen.* ....

2. *Ich brauche* ....

3. ....

4. ....

5. ....

6. ....

9 Ich mache das trotzdem!

a) Was passt zusammen? Verbinden Sie.

Ich habe kein Geld.	1		a	Ich gehe oft aus.
Ich habe viel Arbeit.	2		b	Ich fahre nach Paris.
Ich muss früh aufstehen.	3		c	Ich plane einen teuren Urlaub.
Ich spreche kein Französisch.	4		d	Ich habe nie Langeweile.
Ich habe keine Hobbys.	5		e	Ich nehme mir Zeit für meine Kinder.

b) Schreiben Sie Sätze mit _trotzdem_ wie im Beispiel.

1. *Ich habe kein Geld. Trotzdem plane ich einen teuren Urlaub.*
2.
3.
4.
5.

c) Machen Sie aus den Hauptsätzen in b) Nebensatzverbindungen mit _obwohl_.

1. *Obwohl ich kein Geld habe, plane ich einen teuren Urlaub.*
2.
3.
4.
5.

10 _Entweder ... oder ..._ Wie entscheiden Sie sich? Ergänzen Sie die Sätze.

> ein paar Tage wegfahren – ins Kino gehen – eine Party machen – ~~eine Pause machen~~ – im Bett bleiben – etwas kochen – ~~Yoga machen~~ – essen gehen – darüber reden – einen Kaffee trinken – mit der Partnerin/dem Partner feiern – zum Arzt gehen – einen Mittagsschlaf machen – in Internetforen nach einer Lösung suchen

1. Wenn ich Stress habe, *mache ich entweder eine Pause oder ich mache Yoga.*
2. Wenn ich Hunger habe,
3. Wenn ich krank bin,
4. Wenn ich Zeit habe,
5. Wenn ich müde bin,
6. Wenn ich Geburtstag habe,

7. Wenn ich Probleme habe,

1 Bei der Bank

a) Was brauchen Sie wozu? Sehen Sie sich die Fotos an und ordnen Sie zu.

1. ein Girokonto eröffnen   e, ...
2. den Kontostand kontrollieren   ....
3. Geld auf das Sparkonto einzahlen ....
4. Bargeld am Automaten abheben   ....
5. einen Dauerauftrag einrichten   ....

Bitte überweisen Sie die Miete auf folgendes Konto:
IBAN: DE10 1005 0000 1410 2769 37
BIC: BELADEBEXXX
g

e = die Niederlassungserlaubnis
g = die Bankverbindung

b) Sie brauchen ein Konto. Ordnen Sie zu. Schreiben Sie dann den Dialog in Ihr Heft und ergänzen Sie die fehlenden Begriffe.

> 1 Girokonto – 2 Verdienstbescheinigung – 3 Gebühren – 4 EC-Karte – 5 Automaten – 6 Niederlassungserlaubnis – 7 eröffnen – 8 Geheimzahl

💬 Guten Tag, ich möchte gern ein Konto bei Ihnen ☐.

🔵 Sehr schön. Haben Sie ein regelmäßiges Einkommen? Dann können wir Ihnen ein ☐ einrichten.

💬 Ja, ich habe die ☐ dabei. Und meinen Ausweis. Hier bitte.

🔵 Ah, ich sehe, Sie sind nicht aus einem EU-Land. Da brauche ich auch die ☐ und Ihre Meldebestätigung mit Ihrer aktuellen Anschrift.

💬 Gut, dass ich alles mitgenommen habe. Hier, bitte. Bekomme ich auch eine ☐?

🔵 Natürlich, aber es dauert ungefähr zwei Wochen, bis Sie die Karte haben.
Die ☐ wird Ihnen getrennt zugeschickt. Aber dann können Sie alle Bankgeschäfte an unseren ☐ erledigen.

💬 Sehr gut. Was kostet das denn alles?

🔵 Die ☐ sind nicht sehr hoch. Wenn Sie ...

2 **Im Krankenhaus**

a) **Wo ist was? Sehen Sie sich den Plan an und ergänzen Sie die fehlenden Nummern.**

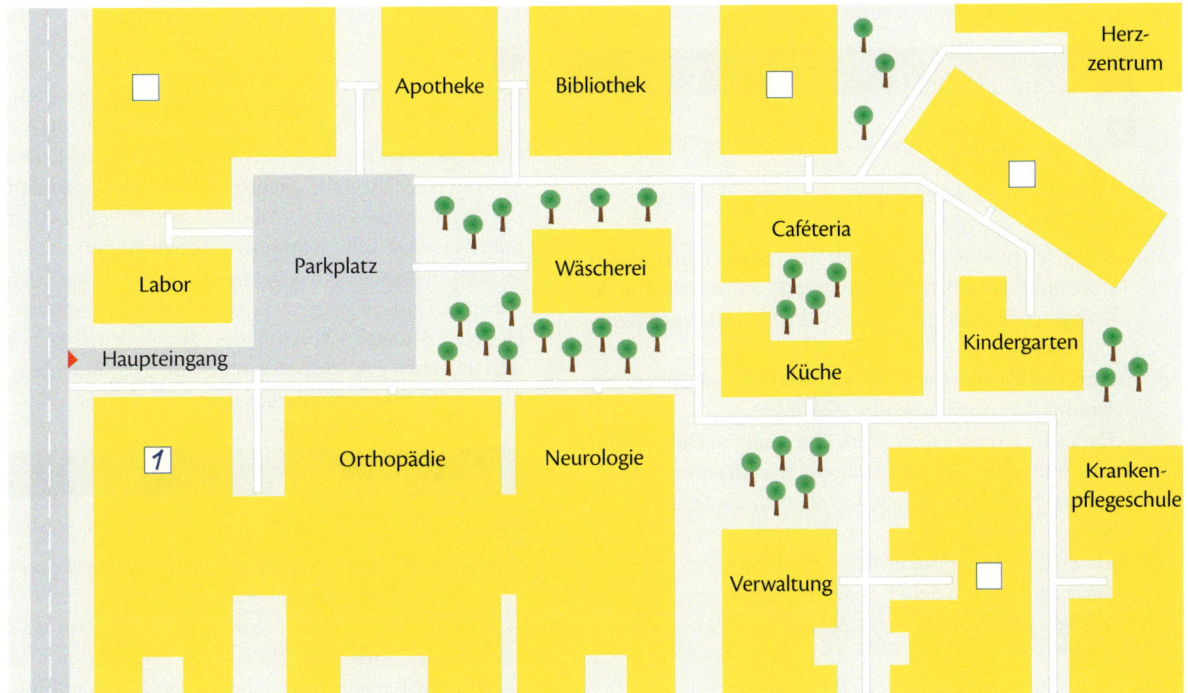

1. Die Ambulanz ist direkt am Haupteingang auf der rechten Seite.
2. Die Gynäkologie ist neben der Bibliothek.
3. Wenn man an der Cafeteria links vorbeigeht, kommt man zur Kinderklinik.
4. Links vom Labor ist die Allgemeine Chirurgie.
5. Zwischen der Verwaltung und der Krankenpflegeschule ist die Innere Medizin.

b) **Sie müssen ins Krankenhaus und dort wird ein Aufnahmegespräch geführt. Was fragen Sie, was fragt der Arzt oder die Ärztin?**

		Arzt/Ärztin	Patient/in
1.	Muss ich operiert werden?	☐	☐
2.	Haben Sie einen Impfpass?	☐	☐
3.	Wann genau haben die Schmerzen angefangen?	☐	☐
4.	Wie lange muss ich bleiben?	☐	☐
5.	Trinken Sie regelmäßig Alkohol?	☐	☐
6.	Was für Untersuchungen werden gemacht?	☐	☐
7.	Nehmen Sie regelmäßig Medikamente? Welche?	☐	☐
8.	Übernimmt die Krankenkasse die Kosten?	☐	☐
9.	Wurden Sie schon einmal operiert? Wann?	☐	☐
10.	Rauchen Sie? Wie viel?	☐	☐
11.	Haben Sie Allergien? Welche?	☐	☐
12.	Welche Risiken gibt es?	☐	☐
13.	Gab es in Ihrer Familie schon einmal ähnliche Krankheiten?	☐	☐

c) **Hören Sie das Gespräch und kontrollieren Sie Ihre Lösung in b).**

45

Hörtexte

Hier finden Sie alle Hörtexte, die nicht oder nicht komplett in den Einheiten abgedruckt sind.

1 Zeitpunkte

2

+ Hallo Çem!
– Mensch, Sabine, wie geht's?
+ Ganz gut. Und dir?
– Prima. Ich habe eine neue Stelle in einem Fitnessstudio in Dortmund gefunden. Am Donnerstag lerne ich schon die Kollegen und Kolleginnen bei einem Fitnesstrainer-Work-Out kennen.
+ Ach, Das klingt ja toll! Aber ich wollte dich eigentlich am Donnerstag zu einem Kaffee einladen.
– Tja. Unser Fitnesstrainer Work-Out findet in Dortmund statt und beginnt um fünf. Ich möchte auf jeden Fall pünktlich sein und fahre schon eine Stunde früher los.
+ Schade. Hast du am Freitagabend auch schon etwas vor?
– Am Freitagabend? Warum?
+ Na ja, da gibt es in der Philharmonie ein Konzert mit Werken von Mozart. Du magst doch klassische Musik, oder?
– Klar. Sehr! Gibt es denn noch Karten?
+ Keine Ahnung, aber ich habe schon zwei Eintrittskarten. Eigentlich wollte ich mit meiner Schwester in das Konzert gehen, aber jetzt kann sie doch nicht.
– Wann beginnt das Konzert denn?
+ Um sieben.
– Kein Problem. Ich komme gerne mit. Treffen wir uns dann um halb sieben in der Philharmonie?
+ Ja. Das hört sich gut an. Und anschließend gehen wir noch etwas trinken. Einverstanden?
– Immer, gerne. Dann bis Freitag.
+ Ja, tschüss!
– Ach, warte mal, Sabine. Hat Peter dich auch zu seinem Geburtstag am Sonntag um elf eingeladen?
+ Um elf? Ach ja, richtig. Er will ein Geburtstagsfrühstück machen.
– Genau und ich weiß nicht, was ich mitbringen kann?
+ Ach so. Also, ich bringe schon Sekt mit. Mach doch einen leckeren Obstsalat. Das passt immer gut.
– Keine schlechte Idee. Danke! Also, ich muss jetzt auch weiter. Bis dann!
+ Bis Freitag. Tschüss!

7 a)

Annette kenne ich schon seit meiner Schulzeit. Sie ist total nett und immer noch eine gute Freundin. Das Besondere an ihr war schon früher, dass sie nie zu spät kam. Wirklich nie. Wenn der Unterricht anfing, saß sie schon auf ihrem Stuhl. Wenn ich sie zu einer Party abholen wollte, stand sie schon vor der Tür und sah auf ihre Uhr. Sie verstand einfach nicht, dass man auch unpünktlich sein kann. Nach der Schule fing sie eine Ausbildung zur Mechatronikerin an. Der Beruf gefiel ihr schon lange. Sie fuhr nun jeden Morgen mit dem Bus in die Werkstatt. Sie ging immer schon eine Viertelstunde früher zur Haltestelle, weil sie den Bus auf keinen Fall verpassen wollte und sie kam nie zu spät zur Arbeit. Ihrem Chef gefiel das sehr, aber ihre Kollegen fanden das gar nicht so toll.

7 d)

An einem sonnigen Montagmorgen im März hörte Annette zum ersten Mal in ihrem Leben ihren Wecker nicht. Als sie aufwachte, war es schon halb acht! Sie fuhr schnell mit ihrem Fahrrad zur Haltestelle, aber der Bus war weg und sie musste auf den nächsten warten. An der Haltestelle sah sie Ralf, sie fand ihn sofort toll. Im Bus saß er neben ihr und als er aussteigen musste, gab er ihr einfach schnell seine Telefonnummer. Danach gingen sie manchmal zusammen aus. Heute ist Annette schon seit drei Jahren mit Ralf verheiratet und sie haben eine kleine Tochter. Gut, dass sie an dem Morgen im März unpünktlich war!

Leben in Deutschland 1

2 a)

+ Hallo, Deniz. Das ist aber eine Überraschung. Wann haben wir uns das letzte Mal gesehen?
– Hi, Carlos. Das ist schon ziemlich lange her – mindestens zwei Jahre, oder? Wie geht's dir?
+ Ganz gut. Bin aber heute noch ziemlich kaputt. Ich hatte die ganze letzte Woche Nachtschicht und ich habe nicht sehr gut geschlafen.
– Was machst du jetzt eigentlich?
+ Ich bin seit einem Jahr U-Bahn-Fahrer. Vor zwei Jahren bin ich arbeitslos geworden. Da ich in meinem Beruf keine Stelle finden konnte, habe ich eine Umschulung zum U-Bahn-Fahrer gemacht. Und ich hatte Glück. Gleich nach der Umschulung habe ich eine Stelle hier in Frankfurt bekommen.
– Wie lange hat die Umschulung gedauert?
+ Ca. vier Monate.
– Gefällt dir der Job?
+ Ja, sehr gut. Ich verdiene ganz gut. Aber Schichtarbeit ist, wie du ja weißt, ziemlich anstrengend. Und natürlich muss ich oft an Wochenenden und Feiertagen arbeiten. Jetzt habe ich zwei Tage frei, dann habe ich vier Tage Frühschicht, einen Tag frei und dann wieder fünf Tage Spätschicht. Und ich bin sehr viel allein. Kontakt zu meinen Kollegen habe ich nur vor und nach der Schicht. Und du? Arbeitest du noch in dem Altenheim in Offenbach?
– Ja, aber zurzeit arbeite ich nur in Teilzeit. Ich habe ja vor eineinhalb Jahren eine Tochter bekommen.
+ Das habe ich nicht gewusst. Herzlichen Glückwunsch!
– Danke. Ja, es ist toll. Sie hat unser Leben total verändert. Ich arbeite aber deshalb nur 20 Stunden pro Woche und zwar immer montags bis freitags von 14.00 bis 18.00 Uhr.
+ Du musst also nicht mehr an Sonntagen oder Feiertagen arbeiten?
– Nein. Zum Glück nicht.
+ Macht dir die Arbeit noch Spaß?
– Der Beruf ist sehr interessant, aber natürlich oft auch sehr stressig. Aber fast jeder Tag hat auch seine schönen Seiten. Ja, ich arbeite gern mit Menschen zusammen und die Bewohner können einem sehr viel geben. Leider ist die Bezahlung nicht so gut. Aber meine Frau arbeitet auch Teilzeit. So geht´s.

2 Alltag

3

Hallo, hier ist wieder euer Hannes aus Berlin. Und heute soll es in meinem Podcast um das Thema „Stress" gehen. Ich habe manchmal das Gefühl, alle reden nur noch über Stress. Mal sehen. Da ist zum Beispiel mein Freund Max. Der hat gerade wieder Prüfungsstress. Ehrlich gesagt finde ich, dass das auch kein Wunder ist, denn er fängt immer erst kurz vor der Prüfung mit dem Lernen an. Ich habe bei Prüfungen auch manchmal ein bisschen Stress, weil ich Zeitdruck habe, aber das finde ich auch ziemlich normal. Ich finde andere Sachen stressiger, zum Beispiel, wenn ich keinen Parkplatz finde. Seit ich ein Auto habe, passiert mir das hier in Berlin sehr oft. Und dann ist da noch Jan. Gestern habe ich ihn beim Volley-balltraining getroffen. Der hat gerade totalen Stress mit seiner Freundin Maja. Schon wieder! Oder immer noch? Ich weiß es nicht, und es interessiert mich auch nicht wirklich, weil ich ihm schon mindestens tausendmal gesagt habe, dass er mit ihr reden muss oder sich von ihr trennen soll. Ich kenne Maja jetzt auch schon ziemlich lange und finde nicht, dass sie dauernd Stress macht. Sie ist wirklich ganz nett, aber Jan kann manchmal ziemlich chaotisch sein. Dauernd vergisst er etwas: den Hausschlüssel, eine Verabredung, seine Sporttasche, die Pin für seine Bankkarte. Das geht mir dann allerdings ziemlich auf die Nerven. Den meisten Stress hat Jan aber mit Maja, weil sie am Wochenende die Wohnung putzen möchte und er keine Lust dazu hat. Zum Glück habe ich damit keine Probleme mehr. Ich wohne jetzt alleine und kann aufräumen, wann ich will. Das ist total stressfrei. So richtig viel Stress habe ich eigentlich nur, wenn es irgendwo sehr laut ist. Lärm, zum Beispiel von einer Baustelle oder so, kann ich gar nicht ertragen! Max stört das weniger. Wir sind eben nicht alle gleich. Wie ist das bei euch? Ich bin schon gespannt auf eure Kommentare!

5 a) und b)

Dialog 1:
+ Guten Tag, was kann ich für Sie tun?
– Hallo Ich habe mein Portemonnaie verloren und jetzt ist meine EC-Karte weg. Deshalb möchte ich sie sperren.
+ Kein Problem. Können Sie mir Ihre Kontonummer sagen?
– Ja, Moment, hier, ich habe sie notiert.
+ Aha ja. So, jetzt müssen Sie nur noch eine neue Karte beantragen. Bitte füllen Sie dieses Formular aus.
– Dauert das lange?
+ In ca. einer Woche haben Sie die neue Karte. Die Geheim-zahl schicken wir Ihnen getrennt zu.
– Und wie bekomme ich jetzt Geld?
+ Das ist kein Problem. Haben Sie Ihren Personalausweis dabei? Wie viel brauchen Sie?
– Einhundert Euro, bitte.
+ Gut. Bitte unterschreiben Sie die Quittung. Ja, danke. Und hier ihr Geld.
– Vielen Dank. Auf Wiedersehen.

Dialog 2:
+ Hallo? Guten Tag. Sie müssen mir helfen. Mein Handy – man hat es mir gestohlen!
– Ja. Guten Morgen. Klingberg, mein Name. Sie wollen also Anzeige erstatten?
+ Ja genau. Also, das war so …

– Moment, zuerst brauche ich Ihren Namen, Geburtsdatum und -ort, Ihre Adresse und Telefonnummer.
+ Ach so, ja natürlich. Also, ich heiße Inmaculada Sánchez Moreno. Ich wurde am 22. Juli 1984 in Málaga, in Spanien geboren und wohne hier in der Alstergasse 13 in 22337 Hamburg. Meine Mobilnummer ist die 0173 856 43 22.
– Okay. Jetzt beschreiben Sie bitte, was, wann, wo passiert ist und wer beteiligt war.
+ Ich war heute zwischen 14 und 15 Uhr mit meiner Freundin in der Mönckebergstraße shoppen. Gegen 14:20 Uhr kamen wir aus dem Kaufhaus Galería. Am Eingang war es sehr voll und ein junger Mann stieß mit mir zusammen. Er entschuldigte sich sofort, aber ich hatte gleich ein komisches Gefühl. Deshalb habe ich sofort in meine Hosentasche nachgesehen und das Handy war weg. Der Mann leider auch.
– Wie sah er denn aus?
+ Tja, ganz normal eigentlich. Er war vielleicht 20, 25 Jahre alt, dunkelhaarig und ich glaube, er hatte Jeans und eine Lederjacke an.
– Gut, ich lese Ihnen das Protokoll vor und Sie unterschreiben es dann.
+ Und wie geht es dann weiter?
– Wir melden uns bei Ihnen. Sie bekommen auch gleich noch eine Kopie der Anzeige. Bitte warten Sie einen Moment …

10 b) und c)

+ Frau Dr. Haller, Stress und Langeweile am Arbeitsplatz – was ist schlimmer?
– Die Frage kann ich nicht so einfach beantworten. Ich finde auch nicht wichtig, was schlimmer oder weniger schlimm ist.
+ Sie sind Psychologin und beschäftigen sich intensiv mit dem Thema „Langeweile am Arbeitsplatz". Warum?
– Naja, ich glaube, ich finde das Thema so interessant, weil eigentlich niemand darüber sprechen möchte. Man hört ja immer nur, dass alle unheimlich viel zu tun und total viel Stress haben. Oder hat Ihnen schon einmal jemand erzählt, dass er sich an seinem Arbeitsplatz langweilt?
+ Nein, das hat mir wirklich noch niemand erzählt.
– Genau das meine ich. Wenn ich sage, dass ich zu viel Arbeit und viel Stress habe, dann ist das, was ich tue, wichtig. Man braucht mich. Stress hört sich also irgendwie gut an. Aber Langeweile …
+ Stimmt. Das hört sich wirklich nicht so gut an.
– Viele Menschen haben aber Probleme mit Langeweile am Arbeitsplatz, weil sie nicht viel zu tun haben oder die Aufgaben nicht interessant finden, oder weil sie in ihrem Beruf nur selten Erfolg haben. Aber jeden Tag Langeweile – das kann krank machen! Aber kaum jemand geht deswegen zum Arzt. Irgendwie ist ihnen das Thema peinlich. Sie denken: Durch Stress krank werden ist ja in Ordnung, aber durch Langeweile … Manche machen dann sogar noch Überstunden! Die Kollegen und die Familie sollen ja nicht wissen, dass sie Probleme haben. Naja. Bis sie dann richtig krank sind. Dann brauchen sie dringend Hilfe und gehen endlich zum Arzt oder kommen in meine Praxis.
+ Aha. Und wie helfen Sie diesen Menschen?
– Ich spreche mit ihnen über ihre Situation. Ich muss möglichst genau wissen, wie ihr Alltag aussieht, was sie jeden Tag tun und wie es ihnen damit geht. Viele Patienten

merken erst in unseren Gesprächen, dass die Langeweile der Grund für ihre Krankheit ist. Und wir suchen dann gemeinsam nach einer Lösung.

+ Und das funktioniert?

– Ja. Man sollte auf jeden Fall gut überlegen, ob man die Situation selbst ändern kann, zum Beispiel durch eine neue Arbeitsstelle oder eine Umschulung. Manchmal hilft auch schon ein Gespräch mit dem Chef über andere oder neue Aufgaben.

11 a) und b)

– Was ist denn mit dir los? Du siehst ja ganz fertig aus!

...

– Bist du krank? Dann solltest du dich lieber ausruhen.

...

– Ganz besonders? Das verstehe ich nicht.

...

– So ein Quatsch! Früher hattest du immer viel zu viel zu tun und keine Zeit für Hobbys. Jetzt hast du Zeit! Du solltest dir endlich mal eine Sportgruppe suchen oder in einen Verein gehen.

...

– Jetzt hör aber auf! Ich glaube, du hast nicht nur Langeweile. Du hast auch schlechte Laune!

3 Männer – Frauen – Paare

1 c) und d)

+ So, wir haben schon den ersten Anruf zu unserem heutigen Thema ,Jungen spielen anders – Mädchen auch'. Guten Morgen, Frau Berger. Sie haben zwei Kinder?

– Guten Morgen, Herr Lehmann. Ja, das ist richtig. Wir haben einen Sohn und eine Tochter. Der Max ist gerade sechs geworden und unsere Tochter Juli ist fast fünf.

+ Dann sind Sie ja eine richtige Expertin für unser Thema. Wie ist das bei Ihren Kindern? Spielt Ihr Sohn mit anderen Sachen als Ihre Tochter?

– Naja, nicht immer. Und die beiden spielen ja auch oft zusammen. Zum Beispiel mit der Kinderküche, die Juli von der Oma zu Weihnachten bekommen hat. Und dem Max gehört ein Bauernhof mit vielen Tieren. Damit spielen sie auch oft gemeinsam.

+ Aha. Haben Ihre Kinder denn auch Lieblingsspielzeuge?

– Oh ja, aber es sind nicht immer die gleichen Sachen. Im Moment spielt Max am liebsten mit seinem Feuerwehr-auto. Das hat er von uns zum Geburtstag bekommen, und es ist noch ziemlich neu. Wenn Juli auch mal mit dem Auto spielen möchte, wird er richtig sauer. Das erlaubt er gar nicht. Und Juli hat ein kleines Spielzeugpferd, das Max nicht haben darf. Sie weiß, dass er beim Spielen oft nicht vorsichtig ist und dann auch mal etwas kaputt geht. Das gibt dann manchmal schon einen richtig lauten Streit.

+ Das kann ich mir gut vorstellen. Aber das passt ja auch gut zu der typischen Aussage, dass Jungen sich in dem Alter für Autos interessieren und Mädchen für Pferde, oder?

– Das stimmt. Trotzdem glaube ich aber nicht, dass das immer so ist. Der Max hat zum Beispiel zu seinem vierten Geburtstag einen Fußball von uns bekommen. Der lag dann lange in seinem Zimmer einfach nur im Regal, bis Juli ihn entdeckt hat. Sie nimmt den Ball jetzt immer mit auf den Spielplatz und spielt dort mit den anderen Kindern

Fußball. Max findet Fußball bis jetzt noch ziemlich uninteressant. Vielleicht wird das noch anders, wenn er in die Schule kommt.

+ Oft wird ja auch gesagt, dass Jungen sich schon früh für Elektronikspielzeug interessieren. Ist das bei Max auch so?

– Nein, bis jetzt noch nicht. Er spielt noch gerne mit dem Spielzeug, das wir als Kinder auch schon hatten. Zum Beispiel einen Teddy oder eine Bahn aus Holz. Das war auch das erste richtige Weihnachtsgeschenk für unseren Sohn. Da war er zwei. Und später hat auch Juli noch lange mit der Bahn gespielt. Und natürlich hat auch jedes Kind einen eigenen Teddy. Juli spielt oft mit ihrem Teddy, Max eigentlich nie. Aber sein Teddy muss abends immer in seinem Bett liegen. Sonst kann er nicht einschlafen.

+ Eine letzte Frage: Finden Sie es in Ordnung, wenn Jungen mit einer Küche spielen und Mädchen Fußball?

– Warum denn nicht? Mir ist besonders wichtig, das Jungen und Mädchen zusammen spielen und das tun dürfen, was ihnen auch Spaß macht!

+ Das war ein schönes Schlusswort. Vielen Dank für das Gespräch.

3

Krankenschwester – Mechaniker – Ärztin – Anwalt – Polizistin – Hausfrau

5 b) und c)

+ Frau Tengelmann, Sie sind seit vier Jahren LKW-Fahrerin. Wie sind Sie auf die Idee gekommen?

– Naja, ich konnte den Betrieb von meinem Mann nach seinem Tod nicht weiter führen. Es war einfach nicht genug Geld da. Also habe ich das Taxiunternehmen verkauft. Meine Söhne fanden das zum Glück okay. Dann habe ich ein Jahr gar nicht gearbeitet. Aber immer zu Hause sitzen, wenn man vorher fast immer mit dem Taxi unterwegs war, das ist auch nichts für mich gewesen. Ein Freund brachte mich dann auf die Idee. Ich war gleich begeistert, habe eine Umschulung und den LKW-Führerschein gemacht und auch gleich eine Stelle gefunden.

+ Aha. Sie waren also von dem Beruf begeistert. Ist das nach vier Jahren auch noch so?

– Ja. Ich finde meinen Beruf toll. Ich habe einen sicheren Arbeitsplatz und war mit meinem LKW schon in vielen europäischen Ländern. Das ist auf jeden Fall interessanter, als zu Hause zu sitzen! Und die meisten Kollegen sind auch sehr nett. Es gibt natürlich auch manchmal blöde Kommentare. Aber da höre ich gar nicht zu. Ich mache meine Arbeit und gut. Meine Söhne finden es toll, dass ich in meinem Alter noch einen typischen Männerberuf angefangen habe.

+ Vielen Dank für das Gespräch.

– Gerne, jetzt muss ich auch weiter.

7

+ Sag mal Britta, du wirst ja bald 50. Wie fühlt sich das an?

– Naja, das ist für mich schon ein besonderer Geburtstag. Ehrlich gesagt habe ich bei meinen letzten Geburtstagen nie darüber nachgedacht, wie meine Zukunft aussieht. Jetzt denke ich oft darüber nach, was ich mir für die nächsten Jahre noch wünsche.

+ Interessant. Was wünschst du dir denn für die nächsten Jahre?

– Naja, am wichtigsten finde ich Gesundheit. Für meine Gesundheit möchte ich viel mehr tun, zum Beispiel mehr Sport machen und gesünder essen, also mehr Gemüse und so.
+ Das hört sich gut an.
– Ja, ist aber nicht immer so einfach.
+ Und was wünscht du dir noch?
– Freundschaft. Die Kinder sind nun schon groß. Ich möchte endlich mehr Zeit mit Freunden verbringen und öfter mit meiner besten Freundin verreisen. Wir träumen schon lange von tollen Reisen nach Südamerika oder Asien.
+ Das wird nicht billig.
– Es muss aber auch nicht teuer sein. Ich finde Reisen jedenfalls wichtiger als ein tolles Auto oder eine eigene Wohnung.
+ Na denn, auf die Zukunft!

11 a) und b)

A Ich habe nichts zum Anziehen!
B Am Markt gibt es einen neuen Italiener.
C Ich habe schon lange keine Sachertorte gegessen.
D Hach, meine Kollegin fliegt schon wieder nach Bali!

Leben in Deutschland 2

1 c)

+ Hallo, Eleni. Wie geht's dir denn?
– Hi, Bolek. Ganz gut. Ich bin aber ziemlich beschäftigt. Du weißt ja, dass es viele Stellen im Pflegedienst gibt. Ich würde gern alte Leute besuchen und sie pflegen. Deshalb mache ich eine Weiterbildung in der häuslichen Pflege. Und nächste Woche gibt es eine Prüfung. Da muss ich noch viel lernen.
+ Du machst doch einen Online-Kurs, oder?
– Ja. Ich mache einen E-Learning-Kurs.
+ Warum besuchst du eigentlich keinen normalen Kurs?
– E-Learning hat für mich viele Vorteile. Ich kann lernen, wann und wo ich will. So kann ich Beruf, Familie und Weiterbildung gut verbinden
+ Das heißt, du lernst alleine zu Hause an deinem Computer?
– Ja. Aber ich kann zum Beispiel auch lernen, wenn ich in einem Café sitze und einen Kaffee trinke oder wenn ich mit der Straßenbahn zur Arbeit fahre. Ich habe alle Texte und Übungen auf meinem Laptop dabei.
+ Das hört sich gut an. Aber brauchst du keinen Lehrer, wenn du Probleme hast oder wenn du etwas nicht verstehst?
– Manchmal schon. Klar. Aber wenn ich Fragen habe, schreibe ich eine E-Mail und ich bekomme schnell eine Antwort von einem Fernlehrer. Und ich nehme auch an Diskussionen mit anderen Kursteilnehmern in einem Online-Forum teil. Wir helfen uns gegenseitig.
+ Es gibt also regelmäßig Chats?
– Ja, aber so oft mache ich nicht mit.
+ Wie lange dauert der Kurs?
– Das kann man so nicht sagen. Das hängt von den Lernenden ab. Ich kann selbst bestimmen, wann ich lernen möchte und wie schnell ich lernen möchte. Aber es gibt natürlich Vorschläge, wie viel Zeit man für jedes Thema, das man bearbeiten soll, ungefähr braucht. In meinem Kurs bearbeite ich zwölf Themen. Dafür braucht man ungefähr 60 bis 90 Stunden.

+ Und bekommst du auch ein Zertifikat, wenn du fertig bist?
– Natürlich. Die Weiterbildung ist anerkannt, und wenn ich die Prüfung bestehe, bekomme ich ein Zertifikat. Ich hoffe, dass ich dann auch einen besseren Job finden kann.

4 Arbeit im Wandel

1 b)

Das Emsland ist eine circa 2881 Quadratkilometer große Region im südwestlichen Niedersachsen. Die längste Strecke von der westlichen Grenze zu den Niederlanden an die östliche Grenze des Emslands ist 56 Kilometer lang. Die Entfernung vom nördlichsten Punkt des Emslands zum südlichsten Punkt an der Grenze zum Bundesland Nordrhein-Westfalen ist mit 95 Kilometern fast doppelt so weit. Aber in dieser großen Region leben nicht sehr viele Menschen und es gibt hier auch nur fünf Städte: Lingen, Papenburg, Meppen, Haren und Haselünne. Die größte Stadt ist Lingen im südlichen Emsland mit etwa 51000 Einwohnern. Insgesamt leben 313.500 Menschen im Emsland und die meisten leben in kleinen Städten und Dörfern auf dem Land. Den Namen hat das Emsland übrigens von der Ems, einem 371 Kilometer langen Fluss, der mitten durch diese ländliche Region fließt.

2 c)

Herr Erdmann: Ich bin Emsländer. Ich bin hier in einem kleinen Dorf geboren und wollte auch nie weg. Seit meiner Kindheit hat sich die Region natürlich sehr verändert. Es fehlt ganz viel, was einmal typisch war. Früher hatten zum Beispiel fast alle Familien im Dorf etwas Landwirtschaft, eine Kuh, ein paar Schweine und Hühner. Heute ist das nicht mehr so. Es gibt eigentlich gar keine kleinen Bauernhöfe mehr. Und Plattdeutsch, unsere traditionelle Sprache, hört man auch immer weniger. Ich kenne hier Kinder, die Platt gar nicht mehr verstehen. Das finde ich sehr schade. Diese alte Sprache ist doch Teil unserer Kultur! Naja, aber es hat auch gute Veränderungen gegeben. Nach dem Emslandplan wurde die Region für Handwerk und Industrie attraktiv und es gibt auch heute noch Familienbetriebe. Deshalb wollen viele junge Menschen hier bleiben. Das Leben auf dem Land ist auch nicht so teuer wie in der Stadt. Das Emsland ist heute eine moderne ländliche Region. Ich bin immer noch sehr gerne hier!
Frau Jürgens: Ich komme aus dem Ruhrgebiet, aber ich fühle mich im Emsland sehr wohl. Mein Mann ist Ingenieur und hat hier vor sieben Jahren Arbeit gefunden. Am Anfang habe ich gedacht: Emsland? Wo ist das denn? Da gibt es doch nur Bauern, Hühner und Kühe! Naja, da kannte ich das Emsland ja noch nicht. Wir haben schnell Freunde gefunden und schon bald in einem kleinen Dorf ein Haus gebaut. Hier kennt eigentlich jeder jeden. Seit ein paar Jahren bin ich auch im Heimatverein. Da gibt es eine Theater- und eine traditionelle Tanzgruppe; wir machen auch viele Ausflüge und laden andere Heimatvereine zu Festen, Vorträgen und Kochkursen ein. Hier macht man insgesamt viel selbst. In vielen Familien wird noch Brot gebacken, Marmelade gekocht und Wurst gemacht. Das finde ich total spannend! Unsere Freunde aus dem Ruhrgebiet kommen in den Sommerferien hierher, um Urlaub zu machen. Die Landschaft ist sehr schön, es gibt viele Flüsse und Wander- und Radwege und man kann besonders

im Sommer sehr schöne alte Bauerngärten besichtigen. Langweilig ist das Emsland sicher nicht! Unsere Kinder sind übrigens richtige Emsländer. Sie sind hier geboren und lernen in der Schule sogar auch etwas Plattdeutsch.

4 a) und b)

Zu Beginn des zwanzigsten Jahrhunderts war der Fußball als Sport in Deutschland noch nicht so bekannt wie heute. Besonders Schüler fanden ihn attraktiv und gründeten die ersten Fußballmannschaften, oft noch auf der Straße.
Als die Arbeitszeiten im Bergbau, in den Stahlwerken und den Fabriken in den zwanziger Jahren kürzer wurden, hatten die Malocher endlich mehr Zeit und spielten deshalb in ihrer Freizeit auch manchmal auf der Straße Fußball gegen andere Straßenmannschaften. Das kostete nichts, machte Spaß und war auch noch gesund.
Bis heute ist der Fußball im Ruhrgebiet sehr wichtig. In der Region zwischen Lippe und Ruhr gibt es mehr Fußballvereine, aktive Spieler, Fußballplätze und große Fußballstadien als in anderen Teilen Deutschlands. Fußball hat im Ruhrgebiet nicht nur Tradition, der Sport ist auch Teil der regionalen Kultur. Die Nationalität der Spieler ist unwichtig. Wichtig ist nur, dass sie gute Spieler sind.

7 b)

Ich komme aus Dortmund und habe gerade ein freiwilliges Praktikum bei einer Autofirma in Essen angefangen. Gestern, am 2. November 2016, hatte ich einen Unfall am Arbeitsplatz. Es passierte, als ich einem Kollegen ein Werkzeug holen sollte. Als ich es endlich gefunden habe, bin ich schnell mit dem Werkzeug zurückgelaufen, weil der Kollege schon auf mich gewartet hat. Neben dem Auto war Öl auf dem Boden. Das habe ich nicht gesehen. Ich rutschte aus und habe mir dabei zwei Finger an der linken Hand gebrochen. Mein Chef hat mich gleich zum Arzt gebracht und jetzt habe ich eine Krankschreibung für zwei Wochen. Deswegen kann ich mein Praktikum nicht beenden. Ich weiß auch noch gar nicht, ob ich als Praktikant auch bei der Berufsgenossenschaft versichert bin.

Leben in Deutschland 4

2 b)

+ Guten Tag. Merkur-Versicherung. Schadensservice. Klaus Wagenbach am Apparat.
– Guten Tag, Herr Wagenbach. Hier Klara Klein.
+ Frau Klein, wie kann ich Ihnen helfen?
– Ich möchte einen Schaden melden.
+ Was ist denn passiert?
– Es hat ein Feuer bei uns in der Küche gegeben. Ich glaube, unsere Kaffeemaschine war kaputt. Aber zum Glück ist die Feuerwehr sehr schnell gekommen. Unsere Küche muss jetzt komplett renoviert werden.
+ Sie haben eine Hausratversicherung bei uns? Könnten Sie mir bitte Ihre Versicherungsscheinnummer geben?
– Natürlich. 878-KW-709-DE.
+ Vielen Dank. … Ah ja, da habe ich Ihre Versicherungspolice. Sie sind bei uns geschützt gegen Feuer, Einbruch und Diebstahl sowie gegen Sturmschäden.
– Ja, wir sind schon seit sechs Jahren Kunden bei Ihnen. Das ist allerdings unser erster Schaden.
+ Verstehe. Wann hat es denn gebrannt?

– Gestern Abend.
+ Schicken Sie mir doch bitte alle Informationen, die Sie haben – also Fotos von der Küche nach dem Feuer, den Bericht der Feuerwehr und Rechnungen von allen Gegenständen oder Geräten in Ihrer Küche. Wir werden dann den Fall sehr schnell bearbeiten.
– Ich weiß nicht, ob wir noch alle Rechnungen haben.
+ Das ist nicht so schlimm. Schicken Sie mir bitte, was Sie haben.
– Vielen Dank!

5 Schule und lernen

2 a) und b)

+ Hallo Kilian, hast du das Programm für unsere Projektwoche schon gesehen?
– Hallo Luise. Ja, ich weiß auch schon, was ich machen möchte.
+ Klar, du machst doch bestimmt bei „Physik im Alltag" mit, oder?
– Warum das denn?
+ Ganz einfach: Physik ist dein Lieblingsfach.
– Ja, schon, aber ich möchte lieber etwas ganz anderes machen und habe mich für „Projektplanung" entschieden.
+ Projektplanung? Das hätte ich nicht gedacht. Warum hast du das denn gewählt?
– Ganz einfach: Ich möchte wissen, wie ein Buch entsteht und finde es auch spannend, dass wir etwas über die Technik des Buchdrucks lernen. Das interessiert mich. Und du? Was machst du?
+ Ich habe mich schon für „Unsere Geschichte" angemeldet. Ich gehe schon fast vier Jahre hier zur Schule und ich bin gerne hier. Deshalb möchte ich mehr über unsere Schule erfahren.
– Auch nicht schlecht. Außerdem bist du gut in Deutsch und Geschichte. Ich finde, das Thema passt zu dir!

2 c)

+ Hallo Luise! Na, wie war die Projektwoche?
– Sehr interessant, aber auch super anstrengend! Und bei dir?
+ Toll! Ich habe wirklich sehr viel gelernt. Wusstest du zum Beispiel, dass man Papier früher aus alter Kleidung gemacht hat? Wir haben es selbst ausprobiert. Das ist gar nicht so einfach.
– Ich habe mir eure Ausstellung in der Schulbibliothek angesehen. Das Papier sieht aber ziemlich grau und dick aus. Kann man darauf auch schreiben?
+ Klar. Früher hat man darauf sogar gedruckt, zum Beispiel Bücher. Bis zur Erfindung des modernen Buchdrucks mussten die Bücher noch von Hand geschrieben werden. Das hat natürlich ziemlich lange gedauert. Bücher waren deshalb auch noch sehr, sehr teuer. Der moderne Buchdruck ist übrigens eine deutsche Erfindung.
– Ach, interessant.
+ Ja. Das war damals fast so eine Revolution wie die E-Books heute. Ach ja, E-Books. Beim Besuch im Buchgeschäft haben wir erfahren, dass immer mehr Menschen E-Books nutzen, die sie online kaufen. Für die Geschäfte ist das immer mehr ein Problem.
– Das kann ich mir vorstellen. Mit den neuen Medien kann man ja auch echt viel machen. In unserem Projekt haben wir uns deshalb auch die Frage gestellt, was man machen

darf. Videos, Musik, Texte und Bilder darf man zum Beispiel nicht einfach aus dem Internet herunterladen oder kopieren. Ich war im Redaktionsteam für unsere Schulchronik und wir mussten alle Texte aus dem Autorenteam prüfen.

+ Das Projekt hört sich ziemlich langweilig an.

− War es aber gar nicht! Am meisten Spaß hat mir die Vorbereitung der Interviews gemacht. Als Redakteurin musste ich gute Fragen für die Interviews mit früheren Lehrern und Schülern formulieren. Wusstest du eigentlich, dass es offene und geschlossene Fragen gibt?

+ Nö, keine Ahnung. Was soll das heißen?

− Ganz einfach. Geschlossene Fragen sind Fragen, die man nur mit Ja oder Nein beantworten kann. Für ein Interview sind sie deshalb nicht so gut wie offene Fragen.

+ Hast du auch selbst ein Interview gemacht?

− Ja. Ich habe mit Frau Holm gesprochen. Sie ist in den 70er Jahren auf unsere Schule gegangen …

+ … und heute eine bekannte Krimiautorin.

− Genau. Ihr habt sie ja auch zur Lesenacht eingeladen. Wusstest du eigentlich schon, dass unsere Schulbibliothek in diesem Jahr ihren 25. Geburtstag feiert? Ich wusste das nicht.

+ Ich glaube, die meisten von uns wissen das noch nicht. Aber mit der Lesenacht wollen wir diesen Geburtstag in der Bibliothek feiern. Ich freue mich schon darauf!

4

+ Was machst du da?

− Wir schreiben heute in der zweiten Stunde einen Vokabeltest und ich kann noch nicht alle Wörter aus Einheit 4.

+ Dann hast du aber nicht mehr viel Zeit. Was habt ihr denn in der ersten Stunde?

− Deutsch bei Frau Hermann. Da kann ich bestimmt keine Vokabeln lernen. Ich sitze ganz vorne und die merkt echt alles.

+ Ich habe heute in den ersten beiden Stunden Mathe. Ich weiß nicht, ob ich die Hausaufgaben richtig gemacht habe. Irgendwie habe ich das wieder nicht ganz verstanden.

− Mathe macht doch Spaß!

+ Dir vielleicht. Mir macht Englisch mehr Spaß. Hoffentlich hat Herr Morris nach dem Test bei euch keine schlechte Laune! Wir wollen in der dritten Stunde mit ihm ein paar Texte von unseren englischen Lieblingsliedern übersetzen.

− Wir haben in der dritten und vierten Sport. Das ist mein absolutes Lieblingsfach. Hoffentlich spielen wir wieder Fußball oder so.

+ Fußball? Naja, aber das wäre immer noch besser als in der vierten Stunde Physik. Der Unterricht ist echt langweilig.

− Bei mir wird es in der fünften und sechsten Stunde langweilig: Erst haben wir Geschichte bei Frau Moll und dann noch Religion.

+ Wir haben in der fünften Stunde Bio. Im Moment bearbeiten wir das Thema Gesundheit und Krankheit. Ist ziemlich interessant. Und in der letzten Stunde habe ich Musik bei Frau Moll. Ich präsentiere heute mein Projekt zur Wiener Klassik.

− Wiener Klassik? Mozart und so?

+ Genau.

− Dann wünsch ich dir viel Erfolg! Ich mach mal lieber noch ein bisschen mit meinen Vokabeln weiter.

9 b)

1. Ich wünschte, alle Lehrer würden uns mit mehr Respekt behandeln.
2. Ich wünschte, die Lehrer hätten immer gute Laune.
3. Ich wünschte, wir würden die Unterrichtsthemen selbst aussuchen.
4. Ich wünschte, die Lehrer würden im Unterricht mehr Videos zeigen.
5. Ich wünschte, wir würden im Unterricht mehr Projektarbeit machen.

Leben in Deutschland 5

2 b)

+ Ihr habt wieder mal toll gekocht.

− Schön, dass es euch geschmeckt hat.

+ Gestern gab es ja Halbjahreszeugnisse.

− Und – bist du zufrieden mit Jakobs Zeugnis?

+ Eigentlich schon. In Deutsch und Englisch hat er eine Zwei bekommen. Und in Geschichte eine Drei.

++ Das ist doch toll. Ich hatte in der Schule oft nur Dreien und Vieren.

+ Ich war auch kein sehr guter Schüler. Aber ihr wisst ja, wie wichtig heute gute Noten sind. Und Jakob hat in Physik eine Fünf bekommen. Er hatte gehofft, er würde eine Vier bekommen. Aber in der letzten Klassenarbeit hat er eine Sechs geschrieben. Er konnte fast keine Frage richtig lösen.

− Habt ihr schon mal über Nachhilfeunterricht nachgedacht? Unsere Tochter hätte das Abitur ohne Nachhilfe nicht geschafft.

++ Wir konnten Lara bei den Mathe-Hausaufgaben nicht mehr helfen und da dachten wir, warum nicht? Und dann haben wir einen Nachhilfelehrer für sie gesucht.

* War das teuer?

− Na ja, Lara hatte Einzelunterricht, das war nicht ganz billig. Ich glaube, wir haben 15 Euro pro Stunde bezahlt. Aber es hat sich auf jeden Fall gelohnt. Sie hat das Abi geschafft und in Mathe hat sie eine Drei bekommen.

++ Aber es muss ja nicht immer Einzelunterricht sein. Es gibt viele Anbieter, da bekommen die Schüler in kleinen Gruppen Nachhilfeunterricht. Und das kostet dann viel weniger Geld.

* Wie oft hatte Lara denn Nachhilfeunterricht?

− Wenn ich mich richtig erinnere, hatte sie drei Monate lang vor dem Abitur zweimal pro Woche eine Stunde Unterricht. Der Nachhilfelehrer – er war Mathematikstudent an der Uni hier – kam zu uns in die Wohnung und hat mit Lara gelernt.

6 Klima und Umwelt

1 c)

1. Und hier noch der Wetterbericht für morgen: In der Mitte und im Norden Deutschlands wird es wieder schön und bis in die späten Nachmittagsstunden bleibt es bei Temperaturen um 23 Grad an der Nordsee und 27 Grad in Berlin und Brandenburg sommerlich heiß und trocken. Ganz anders sieht es in der südlichen Hälfte Deutschlands aus, denn von Osten kommt ein Sturm mit kalter Luft und Regen zu uns. Für Bayern gibt es eine Unwetterwarnung. Besonders im Osten Bayerns wird mit starken Gewittern

gerechnet. In Baden-Württemberg ist es dagegen anfangs noch schön. Am Nachmittag sorgt der stürmische Ostwind aber auch hier für dicke Wolken, Gewitter und Regen. Die Temperaturen fallen auf 13 Grad bis 17 Grad, in der Nacht gehen sie in Rosenheim sogar auf 8 Grad zurück. In der Mitte und im Norden bleibt es auch nachts bei Temperaturen zwischen 15 Grad in Frankfurt und 17 Grad in Berlin noch einmal warm.

2. Auch heute haben wir in den Nachrichten wieder über die Folgen des Klimawandels berichtet. Trotzdem kommt der Frühling in diesem Jahr mit großer Verspätung. Herr Moser, wie geht es denn morgen mit dem Wetter weiter?
Tja, leider müssen wir besonders im Norden und Nordosten wohl noch ein bisschen länger auf den Frühling warten. Während es im Süden Deutschlands bei Temperaturen von 12 Grad bis 15 Grad schon schön sonnig und warm ist, bleibt es im Norden bei Sturm, Regen und Temperaturen um 0 Grad weiterhin sehr kühl und winterlich. Hier zeigt der Winter auch im April noch einmal, was er kann. Schneestürme und Eisregen wechseln sich ab. Besonders im Raum Berlin wird es morgen bei minus 3 Grad zu schweren Unwettern kommen. Alle Schulen der Hauptstadt bleiben deshalb geschlossen. Die Deutsche Bahn und der Flughafen erwarten, dass es zu großen Verspätungen kommt.

3

+ Wir berichten heute aus Grimma an der Mulde im Bundesland Sachsen. Ich stehe hier mit Herrn Lehmann vor seinem Haus, das er sich heute zum ersten Mal nach der Hochwasserkatastrophe ansehen konnte. Herr Lehmann, wie sieht es aus?
– Naja, das sehen Sie ja selbst. Wir haben immer gedacht, das Hochwasser kommt nur einmal in hundert Jahren. Aber schon vor elf Jahren stand hier die ganze Altstadt unter Wasser. Jetzt ist im Haus wieder alles nass, der Teppichboden ist kaputt und die Wände sind dreckig.
+ Wie haben Sie das Hochwasser in den letzten Tagen erlebt?
– Wir haben aus der letzten Überschwemmung gelernt und dieses Mal die meisten Möbel in die zweite Etage gebracht und unser Auto weiter oben am Stadtrand geparkt. Vor drei Tagen kam dann mitten in der Nacht die Feuerwehr und hat uns abgeholt. Wir mussten das Haus verlassen und in der Sporthalle übernachten.
+ Und was werden Sie jetzt machen?
– Natürlich aufräumen, den Nachbarn helfen und die Versicherung über den Schaden informieren. Das Leben geht ja weiter!

10

1. Je öfter Sie mit öffentlichen Verkehrsmitteln fahren, desto weniger CO_2 produzieren Sie.
2. Je weniger Lebensmittel Sie kaufen, desto weniger werfen Sie weg.
3. Je mehr Wertstoffe Sie recyceln, desto mehr tun Sie für unsere Umwelt.
4. Je öfter Sie auf das Baden verzichten und duschen, desto mehr Wasser sparen Sie.
5. Je regelmäßiger Sie eine Tasche zum Einkaufen mitnehmen, desto mehr Plastikmüll vermeiden Sie.

7 Das ist mir aber peinlich!

1 a)

Meinem Mann ist letzte Woche etwas total Peinliches passiert, als er gemütlich in einem Café seine Zeitung lesen wollte. Er suchte sich einen freien Tisch aus, bestellte eine Tasse Kaffee und ein Stück Kuchen und ging dann auf die Toilette. Aber als er etwas später an den Tisch zurückkam, saß dort schon eine Frau. Sie las in aller Ruhe die Zeitung, trank seinen Kaffee und aß seinen Kuchen. Peter konnte nicht glauben, was er sah. So etwas war ihm noch nie passiert!

4

Gespräch 1:
+ Frau Knoll, Sie sind ja total erkältet. Ich glaube, Sie gehören ins Bett.
– Aber es gibt hier im Büro doch so viel zu tun und zu Hause …
+ Das schaffen wir ein paar Tage auch ohne Sie. Gehen Sie nach Hause und werden Sie schnell wieder gesund!

Gespräch 2:
+ Herr Müller, gut, dass ich Sie treffe. Bringen Sie die Pakete noch zur Post?
– Ach, ich habe noch zwei Termine mit Kunden, muss noch mit den Kollegen in China telefonieren und der Chef will auch noch mit mir sprechen.
+ Tja, ich kann es wirklich nicht mehr schaffen. Ich muss gleich zum Flughafen. Bitte.
– Na gut. Dann mache ich das auch noch. Gute Reise!

Gespräch 3:
+ Herzlichen Glückwunsch zum Geburtstag, Frau Engel.
– Oh, Danke! Die Blumen sind aber schön!

Gespräch 4:
+ Wer hat denn die Kopien für die Präsentation gemacht?
– Das war ich. Ich weiß ja, dass Sie viel zu tun haben und hatte gerade noch etwas Zeit. Haben Sie den Kaffee und die kalten Getränke schon vorbereitet?
+ Ja, ich habe alles schon im Konferenzraum auf den Tisch gestellt.
– Prima. Dann nehme ich die Kopien gleich selbst mit.

9 a) und c)

+ Neumann?
– Guten Tag, ich rufe aus der Werkstatt an. Sie können das Auto jetzt abholen.
+ Das Auto? Welches Auto?
– Ja. Wir haben es doch vor ein paar Tagen zur Reparatur mitgenommen, nachdem Sie gegen den Baum gefahren waren.
+ Nachdem ich gegen den Baum gefahren war, haben Sie mein Auto in die Werkstatt mitgenommen?
– Genau. Ihre Tochter hat uns angerufen, nachdem man Sie in Krankenhaus gebracht hatte.
+ Nachdem man mich ins Krankenhaus gebracht hatte, hat meine Tochter Sie angerufen?
– Können Sie sich denn an gar nichts erinnern? Der Notarzt war an der Unfallstelle, nachdem Sie sich bei dem Unfall am Kopf verletzt hatten.

+ Ich hatte mich am Kopf verletzt? Sagen Sie mal, wovon sprechen Sie überhaupt? Ich habe kein Auto, keine Tochter, hatte in den letzten Tagen keinen Unfall und war auch nicht im Krankenhaus!
– Oh, entschuldigen Sie. Das ist mir sehr unangenehm. Ich habe die falsche Nummer gewählt.

Leben in Deutschland 7

1 b)
+ Malermeister Müller.
– Guten Tag, Herr Müller. Hier ist Anshar Ensur.
+ Hallo, Herr Ensur. Gibt es ein Problem mit dem Auftrag?
– Ja, leider. Könnten wir den Termin um eine Woche verschieben? Also vom 10.07. auf den 17.07?
+ Einen Moment, da muss ich erstmal nachsehen. … Ja, das geht. Sie haben Glück. Jemand hat gestern einen Termin für den 17. abgesagt.
– Das freut mich. Ich habe noch eine Frage wegen Ihres Angebots.
+ Ja?
– Also meine Frau und ich haben uns überlegt, dass wir die Decke im Wohnzimmer weiß haben wollen, aber die Wände hätten wir doch lieber gelb gestrichen.
+ Also nicht mehr alles komplett weiß?
– Nein. Meine Frau meint, Gelb ist eine warme, freundliche Farbe. Ist das ein Problem? Würde das dann mehr kosten, wenn Sie die Wände gelb streichen würden?
+ Nein. Aber es gibt viele Gelbtöne. Sie müssen auf jeden Fall den Malern ein Farbmuster geben, wenn sie kommen.
– Ja, das macht dann meine Frau.
+ Die Maler kommen also jetzt am 17.07. Richtig?
– Ja, genau. Um wie viel Uhr werden sie da sein?
+ Um 7.00 Uhr. Sie wissen ja, Sie müssen das Wohnzimmer vorher komplett ausräumen.
– Ja, ja, das wissen wir. Vielen Dank und auf Wiederhören.

8 Generationen

1 b) und d)
Das Buch „Der kleine König Dezember" von Axel Hacke mit sehr schönen Bildern von Michael Sowa berichtet von dem Treffen des Erzählers mit dem kleinen König Dezember. Den kennen Sie nicht? Das ist schade, denn er ist etwas ganz Besonderes. Der kleine König ist sehr neugierig und möchte alles über die Menschen wissen. Deshalb besucht er den Erzähler und unterhält sich mit ihm. Manchmal sind ihre Gespräche über das Leben lustig und manchmal auch ein bisschen traurig. Ich empfehle das Buch allen Lesern, die sich Gedanken über das Leben machen und dabei auch mal lächeln möchten.
Die Geschichte beginnt ungefähr so: Der kleine König Dezember steht plötzlich im Zimmer des Erzählers auf dem Tisch. Zu der Zeit ist er zwar dicker, aber nicht viel größer als ein Finger. Trotzdem sieht er wie ein Erwachsener aus und spricht auch so. Er ist klein, aber schon ziemlich alt und er sagt, dass er hinter dem Bücherregal im Zimmer des Erzählers lebt. In der Welt hinter dem Bücherregal ist alles ganz anders. Man wird zum Beispiel groß geboren und kann gleich alles tun, was Erwachsene tun. Denn man kann schon am Anfang des Lebens lesen, schreiben, ins Büro und zu Geschäftsessen

gehen. Dann wird man langsam kleiner und immer kleiner, bis man so klein wie ein Kind und dann noch viel kleiner ist. Je kleiner man wird, desto mehr vergisst man. Der Kopf wird langsam leer. Wenn einer schon viel vergessen hat und nicht mehr zu Geschäftsessen gehen kann, dann muss er auch nicht mehr ins Büro kommen. Er darf dann zu Hause bleiben und im Garten spielen. Die Großen müssen für ihn kochen. Und eines Morgens ist er dann so klein geworden, dass man ihn im Bett nicht mehr findet. Die Kindheit liegt am Ende des Lebens. So hat man etwas, auf das man sich freuen kann, meint der kleine König. Und ich meine, dass dieses kleine Buch ganz sicher auch etwas ist, auf das man sich freuen kann! Sie sollten es unbedingt lesen!

7 a)
Text 1: Seit ich ein Kind war, interessiere ich mich für Technik. Ich bin im Jahr 1950 geboren. Als ich noch nicht in die Schule ging, habe ich stundenlang mit meinem Großvater Radio gehört. Er interessierte sich für die Nachrichten, aber ich wollte eigentlich nur wissen, ob in dem Radio ganz kleine Menschen leben, die uns immer etwas erzählen und Musik machen. Mein Großvater fand das lustig. Aber er konnte mir nicht erklären, wie ein Radio funktioniert. Das weiß ich erst, seit ich in der Schule Physik hatte.

Text 2: Ich wollte eigentlich schon Lehrerin werden, als ich noch ein kleines Mädchen war. Im Kindergarten gab es eine große Tafel. Ich habe da oft mit meinen Freundinnen Schule gespielt. Natürlich waren sie meine Schüler und ich war die Lehrerin. Mein erster Schultag war einer der schönsten Tage in meinem Leben. Endlich war ich auch groß und durfte Schreiben und Lesen lernen! Später hatten wir am Gymnasium auch Sprachen. Englisch und Französisch waren schon bald meine Lieblingsfächer. Seitdem war für mich klar, dass ich Lehrerin für Sprachen sein wollte.

Text 3: In unserer Familie bin ich die jüngste von fünf Schwestern. Meine Schwestern haben sich aber noch nie für den Bauernhof meiner Eltern interessiert. Ehrlich gesagt, hat mir die Arbeit mit den Tieren und auf dem Feld auch nicht besonders gefallen, als ich noch kleiner war. Ich habe erst mit 17 angefangen, mich für die Natur zu interessieren. Damals musste ich in der Schule ein Praktikum machen. Und weil ich nichts anderes finden konnte, habe ich ein Praktikum in einem Bioladen gemacht. Auf einmal fand ich unseren Bauernhof richtig spannend und ich habe mich für eine Ausbildung zur Landwirtin entschieden. Das war die beste Entscheidung meines Lebens.

9 Migration

1 a) und b)
Migranten – sie kommen aus aller Welt und leben zum Teil schon lange hier bei uns. Wir stellen Ihnen heute drei Mitbürger vor, die es geschafft haben. Mit viel Geduld und viel harter Arbeit.
Nguyen Gan ist ein freundlicher, ruhiger Mann. Er kommt aus einem kleinen Dorf im Süden Vietnams. Seit über 30 Jahren lebt er in Deutschland. Am Anfang war die Sprache sein größtes Problem. Er war sechzehn, hatte noch keinen Schulabschluss und auch nicht viel Geld. Deshalb hat er in

den ersten Jahren Büros geputzt und die Abendschule besucht. Als er 1990 endlich das Abitur hatte, konnte er wegen seiner guten Ergebnisse gleich mit dem Medizinstudium anfangen. Heute lebt und arbeitet Dr. Nguyen in Berlin. Er hat eine eigene Arztpraxis mit vier Angestellten und verdient ganz gut. Deshalb kann er jedes Jahr für ein paar Wochen in seine alte Heimat fliegen.

Victor Göllner ist in der Stadt Klausenburg in Rumänien geboren. Man kann in seinem Gesicht sehen, dass er viel erlebt hat. Mitte der 80er Jahre kam er mit seiner Frau und den Kindern als Spätaussiedler nach Dortmund. Da war der gelernte Maurer fast vierzig. Die ersten Jahre waren nicht einfach. In Deutschland waren die Spätaussiedler nicht bei allen Menschen willkommen, erinnert er sich heute. Obwohl er sehr gut Deutsch sprach, hat er lange keine richtige Arbeit gefunden. Bei einem Besuch bei Freunden auf dem Land hatte er dann doch noch Glück. Der Chef einer kleinen Baufirma hat ihm eine Stelle als Maurer angeboten. Also ist die ganze Familie in ein Dorf gezogen.

Auch Emin Demir hatte es nicht immer leicht in Deutschland, obwohl der 36-jährige Deutsch-Türke in Köln geboren ist, mit vier in den deutschen Kindergarten kam und schon früh deutsche Freunde hatte. Er musste seinen Eltern oft helfen, weil sie die Sprache nicht gut konnten. Sein Vater war Industriearbeiter und seine Mutter hat manchmal in Krankenhäusern geputzt. Das Geld, das seine Eltern in Deutschland verdient haben, haben sie jeden Sommer in die Türkei gebracht. Sie haben davon geträumt, im Alter in ihre Heimat zurückzugehen und sich dort ein kleines Haus zu bauen. Emin konnte das nicht verstehen. Er wollte unbedingt in Deutschland bleiben. Mit fünfzehn hatte er dann nur noch Ärger mit seinen Eltern. Als er dann auch noch Probleme mit der Polizei hatte, hat eine Schulsozialarbeiterin ihm sehr geholfen. Emin hat dann doch noch den Schulabschluss gemacht.

1 d)

Er hat eine eigene Arztpraxis mit vier Angestellten und verdient ganz gut. Deshalb kann er jedes Jahr für ein paar Wochen in seine alte Heimat fliegen. Die Menschen in dem kleinen Dorf warten schon auf ihn, denn Nguyen Gan bringt ihnen wichtige Medikamente und Material für die neue Dorfschule mit. In seiner Praxis in Berlin kümmert er sich auch um viele Flüchtlinge, die oft noch keine Krankenversicherung haben und noch nicht Deutsch sprechen. Mit dieser Arbeit möchte er sich bei den Deutschen bedanken.

Der Chef einer kleinen Baufirma hat ihm eine Stelle als Maurer angeboten. Also ist die ganze Familie in ein Dorf gezogen. Ganz langsam wurde alles besser. Die Kinder waren in der Schule, seine Frau arbeitete in einem Frisörsalon und 2003 ist die Familie in ihr eigenes Haus mit Garten umgezogen. Das hat Victor Göllner selbst gebaut! Sein Chef, mit dem er sich immer gut verstanden hat, hat keine Kinder. Deshalb hat Victors ältester Sohn nach der Ausbildung den Betrieb übernommen. Heute beschäftigt sein Sohn über zehn Angestellte aus der Region und bietet jedes Jahr mindestens zwei Ausbildungsplätze an.

Als er dann auch noch Probleme mit der Polizei hatte, hat eine Schulsozialarbeiterin ihm sehr geholfen. Emin hat dann doch noch den Schulabschluss gemacht.

Heute ist der gelernte Bankkaufmann ein bekannter Politiker in seiner Heimatstadt. Er spricht offen über seine Vergangenheit, denn er möchte Jugendlichen mit Migrationshintergrund zeigen, dass sie in Deutschland eine Chance haben, wenn sie zur Schule gehen, die Sprache lernen und sich anstrengen.

6 b)

1. Oje – ist das dunkel! Lass mich jetzt nicht allein!
2. Wie sieht Miri denn aus?! So kannst du sie nicht gehen lassen!
3. Hmm – Apfelkuchen mit Sahne. Das lasse ich mir nicht nehmen. Die Diät kann warten.
4. Ich arbeite den ganzen Tag in der Küche. Und was machst du? Das lasse ich mir nicht gefallen! Ich mache jetzt auch nichts mehr!
5. Das Bad renovieren? Das lasse ich lieber andere machen, die das besser können.
6. Endlich Urlaub! Jetzt lasse ich es mir richtig gut gehen.

Leben in Deutschland 9

2 b)

+ Susanne Kröger. Hallo?
- Hallo Susanne, hier ist Karin. Sag mal, warst du gestern auf dem Elternabend? Habt ihr über die Klassenfahrt gesprochen?
+ Ach, hallo Karin. Ja, schade, dass du nicht dabei warst. Wir wissen jetzt alles über die Klassenfahrt.
- Na, dann erzähl doch mal. Wisst ihr jetzt, wohin die Kinder fahren?
+ Ja, stell dir vor. Sie fahren an die Nordsee. Auf die ostfriesische Insel Wangerooge. Dort gibt es ein Schullandheim. Die Kinder können viel Sport machen, das Meer sehen und sie werden oft an der frischen Luft sein. Das wird Jonas gefallen.
- Die Seeluft soll ja so gesund sein. Wann fahren sie denn?
+ Viel früher als geplant. Wegen des Wetters sollen die Kinder schon Ende September fahren. Wenn sie Glück haben, gibt es dann noch ein paar warme Tage.
- Wann genau fahren sie und wie lange dauert die Fahrt?
+ Vom 22. bis zum 28. September, also sieben Tage.
- Und was kostet die Klassenfahrt?
+ Die sieben Tage kosten insgesamt, also mit Essen, Anfahrt und Übernachtungen im Schullandheim 240 Euro – das ist wirklich günstig.
- Frau Dormann braucht das Geld bestimmt bald. Bis wann müssen wir bezahlen?
+ Ja, bis spätestens 3. September muss das Geld eingezahlt werden. Das ist für manche nicht leicht. Aber es gibt Zuzahlungen aus dem Verein „Freunde der Sternberg-Schule".
- Gott sei Dank – es wäre doch schade, wenn nicht alle Kinder mitfahren könnten. Was müssen sie alles mitnehmen?
+ Es gibt eine Checkliste mit allem, was die Kinder brauchen. Das wichtigste wird Regenzeug sein – an der Nordsee stürmt es oft!
- Von wem bekomme ich die Checkliste?

+ Frau Dormann hat uns schon alle Dokumente mitgegeben. Die Checkliste, aber auch die Einverständniserklärung und die Bankverbindung für die Überweisung. Ich habe für dich alles mitgenommen.
– Du bist ein Schatz. Vielen Dank. Wir sehen uns …

10 Europa

5 a)

Hallo zusammen! Hier ist wieder euer Hannes aus Berlin. Die Idee zu diesem Podcast hatte ich am letzten Wochenende, als ich auf einer Party ein paar Freunde traf. Wir haben bei Bier und Wein über das Thema Europa gesprochen. Fast alle am Tisch waren Europäer: Lia aus Portugal, Marten aus den Niederlanden, Angelos aus Griechenland, Baiba aus Lettland, Leevi aus Finnland und so weiter. Keiner von uns ist älter als 30 und alle finden es toll, dass es in unseren Staaten eine gemeinsame Währung gibt, dass wir ohne Pass oder Visum kreuz und quer durch Europa reisen und im europäischen Ausland arbeiten oder studieren können.
Und wir hatten auch alle das Gefühl, dass wir zusammen gehören, als Europäer. Ein gutes Gefühl. Und dann kam Marc dazu. Er ist aus den USA und hörte uns zuerst nur zu. Dann begann er, Fragen zu Europa zu stellen. Er wollte zum Beispiel wissen, ob es so etwas wie eine europäische Regierung gibt. Also, mal ganz ehrlich: Nicht alle von uns konnten ihm problemlos antworten. Ich fand das ganz schön peinlich! Hättet ihr es gewusst?
Ich habe gleich mein Handy rausgeholt und die Suchbegriffe „Europäische Union" und „Regierung" in die Internet-Suchmaschine eingegeben. Die Antwort war … genau: Die „Europäische Kommission". Dann habe ich aus den Informationen ein kleines Quiz gemacht und den anderen diese Fragen gestellt:
Erstens: Wie viele Mitgliedstaaten hat die Europäische Union?
Zweitens: Wie viele Kommissare sind Mitglied der Europäischen Kommission?
Drittens: Woher kommen die Kommissare?
Viertens: Von wem werden die Kommissare ernannt?
Fünftens: Was macht die Europäische Kommission?
Wisst ihr das? Hier noch einmal die Fragen zum Mitschreiben:
Erstens: Wie viele Mitgliedstaaten hat die Europäische Union
Zweitens: Wie viele Kommissare sind Mitglied der Europäischen Kommission?
Drittens: Woher kommen die Kommissare?
Viertens: Von wem werden die Kommissare ernannt?
Fünftens: Was macht die Europäische Kommission?
Jetzt gibt's erst mal ein bisschen Musik. Dann melde ich mich mit den Antworten zurück.

5 c)

Zurück zu unserem Quiz: Also, mal sehen, ob eure Antworten richtig waren.
Hier die Antwort auf Frage eins: Die Europäische Union hat aktuell 28 Mitgliedstaaten.
Nun zu Frage zwei: Für jeden der 28 Mitgliedstaaten ist ein Kommissar oder eine Kommissarin in der Europäischen Kommission. Einer oder eine von ihnen ist übrigens der Präsident oder die Präsidentin. Es sind also insgesamt 28 Mitglieder.

Die Antwort auf meine dritte Frage lautet: Kein Mitglied der Kommission wird gewählt. Alle werden vom Europäischen Rat ernannt.
Frage fünf: Die Europäische Kommission verwaltet den gemeinsamen Haushalt, arbeitet an Gesetzesvorschlägen und sorgt dafür, dass das europäische Recht und die politischen Entscheidungen umgesetzt werden.
Und? Alles richtig? Dann wisst ihr schon mehr über die Regierung der Europäischen Union als manche von uns!
Klasse! Marten, das ist mein Freund aus den Niederlanden, war übrigens der einzige von uns, der alle Fragen richtig beantworten konnte. Der wusste wirklich viel. Ist irgendwie auch kein Wunder. Marten hat in Maastricht und Berlin Europawissenschaften studiert!
So, das war's für heute. Ich werde mich in der nächsten Zeit noch mehr mit dem Thema Europa beschäftigen. Das finde ich wichtig. Vielleicht gibt's dann schon bald noch einen Podcast dazu. Alles Gute und bis dann!

Leben in Deutschland 10

2 b)

+ Ich muss also hier bleiben … Muss ich operiert werden?
– Vielleicht, wir müssen erst noch ein paar Untersuchungen machen.
+ Was für Untersuchungen werden gemacht?
– Verschiedene Tests und eine Röntgenaufnahme.
+ Übernimmt die Krankenkasse die Kosten?
– Natürlich. Ich habe jetzt auch noch ein paar Fragen an Sie: Wann genau haben die Schmerzen angefangen?
+ Hm, vor ungefähr zwei Wochen.
– Gab es in Ihrer Familie schon einmal ähnliche Krankheiten?
+ Nein, ich glaube nicht.
– Wurden Sie schon einmal operiert? Wann?
+ Nein, noch nie. Das wäre das erste Mal. Welche Risiken gibt es?
– Machen Sie sich keine Sorgen. Über die Risiken werden wir sprechen, wenn die Operation wirklich nötig ist. Aber es ist keine schwere Operation. Haben Sie Allergien? Welche?
+ Nein… Oh doch, ich vertrage keine Nüsse.
– Okay … Nehmen Sie regelmäßig Medikamente? Welche?
+ Nein, ich nehme keine Medikamente.
– Trinken Sie regelmäßig Alkohol?
+ Regelmäßig? Eher nicht. Manchmal ein Bier nach der Arbeit oder am Wochenende…
– Okay und rauchen Sie? Wie viel?
+ Nein, ich bin Nichtraucherin.
– Und eine Frage noch: Haben Sie einen Impfpass?
+ Ja, den habe ich. Vor meiner letzten Urlaubsreise musste ich mich impfen lassen. Jetzt habe ich noch eine Frage: Wissen Sie, wie lange ich bleiben muss?
– Wenn wir Sie nicht operieren müssen, können Sie schon morgen Abend wieder nach Hause. Sonst bleiben Sie ungefähr vier bis fünf Tage hier. Genau kann ich es Ihnen dann nach den Untersuchungen sagen.
+ Okay, vielen Dank. Und wie …

Wortliste Leben in Deutschland

1 Leben in Deutschland

die flexible Arbeitszeit	1/Ü1
das Arbeitszeitgesetz	1/Ü1
beschäftigt sein /	
der/die Beschäftigte	1/Ü1
die Schicht	1/Ü1
die Früh-/Spät-/Nachtschicht	1/Ü1
die Schichtarbeit	1/Ü1
die Ausnahme	1/Ü1
etw. festlegen	1/Ü1
die Kernarbeitszeit	1/Ü1

2 Leben in Deutschland

impfen	2/Ü1
die Grippe, gegen Grippe impfen	2/Ü1
der Blutdruck	2/Ü1
messen, den Blutdruck messen	2/Ü1
das Blut, Blut abnehmen	2/Ü1
die Untersuchung	2/Ü1
behandeln	2/Ü1
das Immunsystem (stärken)	2/Ü2
verhindern	
die Depression	2/Ü2

3 Leben in Deutschland

die Weiterbildung	3/Ü1a
der Berufswechsel	3/Ü1b
die Weiterbildungsmaßnahme	3/Ü1
fördern	3/Ü1
das E-Learning = Online-Kurs	3/Ü1
die Pflege	3/Ü1c
die Theorie und Praxis	3/Ü2
das Lager / die Lagerhalle	3/Ü2
das Betriebssystem	3/Ü2
die Voraussetzung	3/Ü2
der Lehrgang = der Kurs	3/Ü2

4 Leben in Deutschland

die Versicherung abschließen:	4/Ü1
die (KfZ)-Haftpflicht-, Kranken-	4/Ü1
Hausrat-, Rechtsschutz-	
versicherung	4/Ü1
die Pflicht (= etw. müssen)	4/Ü1
der (Wasser) Schaden	4/Ü1
einen Schaden melden	
allerdings	4/Ü1
die Feuerwehr	4/Ü2
der Einbruch	4/Ü2
schätzen, der geschätzte	
Schaden	4/Ü2

5 Leben in Deutschland

die Klassenfahrt	5/Ü1
die Wahl, jdn. wählen	5/Ü1
der/die Elternvertreter/in	5/Ü1
die Elternvertretung	5/Ü1
der/die Klassenlehrer/in	5/Ü1
der/die Vorsitzende	5/Ü1
der/die Stellvertreter/in	5/Ü1
der Lehrplan	5/Ü1
die (gute/schlechte) Note	5/Ü2
befriedigend (3), ausreichend (4)	
mangelhaft (5), ungenügend (6)	5/Ü2
bestehen, eine Prüfung	5/Ü2
bestehen	
der Fortschritt, Fortschritte machen	5/Ü2

6 Leben in Deutschland

leeren, eine Mülltonne leeren	6/Ü1
der Speermüll	6/Ü1
der Rest	6/Ü1
der Kunststoff	6/Ü1
der Karton	6/Ü1
die Glühbirne	6/Ü1
der Abfall	6/Ü1
die Umfrage	6/Ü2
freiwillig	6/Ü2

7 Leben in Deutschland

die Anfrage	7/Ü1
der Ausdruck (auf Papier)	7/Ü1
die Mehrwertsteuer	7/Ü1
die Folie	7/Ü1
einverstanden (sein)	7/Ü1
ausräumen	7/Ü1
beschweren (sich)	7/Ü2
die Beschwerde	7/Ü2
enttäuscht (sein)	7/Ü2
die Lieferung	7/Ü2

8 Leben in Deutschland

das Vorstellungsgespräch	8/Ü1
die Teamfähigkeit	8/Ü1
die Belastbarkeit, belastbar sein	8/Ü1
die Kritikfähigkeit	8/Ü1
die Stärke	8/Ü1
der Fleiß, fleißig sein	8/Ü1
die Motivation	8/Ü1
zuverlässig sein	8/Ü2
gründlich sein	8/Ü2
mitdenken	8/Ü2

9 Leben in Deutschland

10 Leben in Deutschland

Bildquellenverzeichnis

Cover: Dr. Ing. h. c. F. Porsche AG; **S. 3:** Shutterstock / Triff; Fotolia / Rico Löb; Fotolia / Gerhard Seybert; Shutterstock / Luna Vandoorne; Fotolia / von Lieres; Fotolia / WavebreakMediaMicro; Fotolia / Vitezslav Halamka; Fotolia / Kzenon; Fotolia / Picture-Factory; Shutterstock / ImageFlow; **S. 4:** oben Fotolia / Andrey Popov; unten Fotolia / Gina Sanders; **S. 5:** (a) Fotolia / RioPatuca Images; (c) Fotolia / DOC RABE Media; (d) Fotolia / grafikplusfoto; (b) Fotolia / eyetronic; **S. 8:** unten Shutterstock / Lonely; oben Shutterstock / Triff; **S. 10:** Mitte Fotolia / Jamrooferpix; oben Fotolia / Gina Sanders; unten Shutterstock / 1eyeshut; **S. 14:** (a) Fotolia / Picture-Factory; (b) Fotolia / hbrunnhuber; (c) Shutterstock / Robert Kneschke; **S. 15:** unten Fotolia / Gerhard Seybert; oben Shutterstock / www.BillionPhotoS.com; **S. 18:** (g) Shutterstock / Andrey_Popov; (h) Fotolia / JackF; (a) Fotolia / Franz Pfluegl; (b), (c) Fotolia / Alexander Raths; (d) Fotolia / Guido Grochowski; (f) Fotolia / Stasique; (e) Fotolia / Konstantin Yuganov; **S. 20:** Feuerwehr Fotolia / Aleksandr Ugorenkov; Eisenbahn Shutterstock / Fabian Petzold; Teddybär Fotolia / bluebat; Fußball Fotolia / Alekss; Holzpferd Shutterstock / kavring; Holztiere Shutterstock / Marie C Fields; Spielküche Shutterstock / zstock; **S. 22:** Fotolia / sylv1rob1; **S. 24:** beide Fotolia / von Lieres; **S. 26:** Fotolia / Pixelot; **S. 27:** Fotolia / Kadmy; **S. 28:** (c) Fotolia / Brigitte Bohnhorst; (a) Fotolia / Joerg Sabel; (d) Fotolia / Thomas Reimer; (e) Fotolia / John Smith; (b) Fotolia / Vitezslav Halamka; Karte Cornelsen / Volkhard Binder; **S. 30:** unten Shutterstock / Val Thoermer; oben picture alliance / Presse-Bild-P; **S. 32:** (a) Fotolia / createur; (b), (c), (d) Fotolia / T. Michel; (e), (g) Fotolia / ufotopixl10; (f) Fotolia / TUNINGFOTOJOURNAL; **S. 35:** oben Fotolia / pressmaster; unten Fotolia / Dan Race;

S. 39: unten Shutterstock / gualtiero boffi; oben Shutterstock / Minerva Studio; **S. 40:** Fotolia / Picture-Factory; **S. 42:** Fotolia / Traumbild; **S. 43:** oben Fotolia / VRD; unten Fotolia / Dan Race; **S. 44:** (2) Fotolia / Rico Löb; (3) Fotolia / Kzenon; (5) Fotolia / Marco2811; (4) Fotolia / Kara; (1) Fotolia / oxie99; **S. 46:** (2) Fotolia / karepa; (1) Fotolia / Siegi; (3) Fotolia / Yuri Bizgaimer; **S. 47:** Fotolia / magele; **S. 50:** Kaffeefilter Fotolia / M. Schuppich; Katze Fotolia / absolutimages; (b) Fotolia / nemo1963; (d) Fotolia / Björn Wylezich; (e), Mülltonnen Fotolia / eyetronic; Parfümflaschen Fotolia / Dreaming Andy; Glühlampe Fotolia / sk_com; (a) Fotolia / oscarwhity; (c) Fotolia / dima_pics; **S. 55:** Shutterstock / Luna Vandoorne; **S. 56:** oben rechts Fotolia / Köpenicker; Warnschild Kinder Fotolia / nmann77; Warnschild Hunde Fotolia / Sonja Calovini; oben links Fotolia / gpointstudio; **S. 59:** (1) Fotolia / underdogstudios; (2) Fotolia / Gina Sanders; (3) Shutterstock / Antonio Guillem; **S. 60:** Verlag Antje Kunstmann, München 1993. Axel Hacke, Michael Sowa: „Der kleine König Dezember", **S. 11**; **S. 62:** unten Shutterstock / Julia Kuznetsova; oben Fotolia / WavebreakMediaMicro; **S. 64:** unten Fotolia / ACP prod; oben Fotolia / kolotype; Mitte Shutterstock / Monkey Business Images; **S. 65:** Fotolia / Focus Pocus LTD; **S. 68:** (c) Fotolia / photowahn; (b) Fotolia / Kzenon; (a) Shutterstock / Alexander Raths; **S. 70:** unten Shutterstock / mangostock; oben Fotolia / Kadmy; **S. 72:** (1) adpic/ RF ; (2) M. Tettmeyer; **S. 74:** beide Verein Bünde Schullandheim; **S. 76:** oben Fotolia / rukanoga; unten Fotolia / Picture Partners; Mitte Shutterstock / ImageFlow; **S. 77:** Shutterstock / qoppi; **S. 80:** Fotolia / contrastwerkstatt; **S. 82:** (h) Shutterstock / Aleksandar Mijatovic; (c) Fotolia / refresh(PIX); (b) Fotolia / HappyAlex; (a) Fotolia / devrim_pinar;

CD-Inhalt

Auf dieser CD finden Sie alle Hörtexte zum Intensivtraining.

studio [21]

Intensivtraining

mit Audio-CD
und Extraseiten
für Integrationskurse

B1

Lösungen

1 Zeitpunkte

1

2. Zeile 16–18, 3. Zeile 1–2, 4. Zeile 20–21,
5. Zeile 24, 6. Zeile 19–20

2

Donnerstag: 17:00 Work-out mit Kollegen im Fitnessstudio
Freitag: 18:30 Treffen vor der Philharmonie zum Konzert
Sonntag: 11:00 Geburtstagsfrühstück bei Peter

3

a) *von links nach rechts*
   immer – oft – manchmal – selten – nie
b) *individuelle Lösung*

4

a) 1d – 2a – 3b – 4c
b) 1. Sommerzeit – 2. Teilzeit – 3. Ferienzeit – 4. Arbeitszeit

5

2. Ich hätte heute Zeit zum Frühstücken mit Tom.
3. Ich hätte heute Zeit zum Joggen, aber leider sind meine Laufschuhe kaputt.
4. Jetzt hätte ich Zeit zum Aufräumen, aber das hat Eva schon gemacht.
5. Ich hätte Zeit zum Telefonieren, aber meine Freunde schlafen sicher noch.
6. Ich hätte auch Zeit zum Kochen, aber mein Kühlschrank ist leer.
7. Ich hätte viel Zeit zum Lesen, aber ich habe kein interessantes Buch.
8. … Heute habe ich Zeit zum Faulenzen!

6

2. Während ich dusche, putze ich mir die Zähne.
3. Während ich die Zeitung lese, frühstücke ich.
4. Während ich mich anziehe, höre ich die Verkehrsnachrichten im Radio.
5. Während ich aus dem Haus gehe, sehe ich auf die Uhr.
6. Während ich zur Arbeit fahre, denke ich an meine Termine.

7

a) *Reihenfolge:* 2 – 4 – 1 – 3
b)
Annette kenne ich schon seit meiner Schulzeit. Sie ist total nett und immer noch eine gute Freundin. Das Besondere an ihr war schon früher, dass sie nie zu spät kam. Wirklich nie. Wenn der Unterricht begann, saß sie schon auf ihrem Stuhl. Wenn ich sie zu einer Party abholen wollte, stand sie schon vor der Tür und sah auf ihre Uhr. Sie verstand einfach nicht, dass man auch unpünktlich sein kann.

Nach der Schule fing sie eine Ausbildung zur Mechatronikerin an. Der Beruf gefiel ihr schon lange. Sie fuhr nun jeden Morgen mit dem Bus in die Werkstatt. Sie ging immer schon eine Viertelstunde früher zur Haltestelle, weil sie den Bus auf keinen Fall verpassen wollte und sie kam nie zu spät zur Arbeit. Ihrem Chef gefiel das sehr, aber ihre Kollegen fanden das gar nicht so toll.
c)
An einem sonnigen Montagmorgen im März hörte Annette zum ersten Mal in ihrem Leben ihren Wecker nicht. Als sie aufwachte, war es schon halb acht! Sie fuhr schnell mit ihrem Fahrrad zur Haltestelle, aber der Bus war weg und sie musste auf den nächsten warten. An der Haltestelle sah sie Ralf, sie fand ihn sofort toll. Im Bus saß er neben ihr und als er aussteigen musste, gab er ihr schnell seine Telefonnummer. Danach gingen sie manchmal zusammen aus. Heute ist Annette schon seit drei Jahren mit Ralf verheiratet und sie haben eine kleine Tochter. Gut, dass sie an dem Morgen im März unpünktlich war!

8

beginnen	beginnt	begann
kommen	kommt	kam
sein	ist	war
sehen	sieht	sah
sitzen	sitzt	saß
stehen	steht	stand
verstehen	versteht	verstand
fahren	fährt	fuhr
gefallen	gefällt	gefiel
finden	findet	fand
anfangen	fängt an	fing an
gehen	geht	ging
geben	gibt	gab

9

a)
Als wir den Zug nach Berlin nahmen,
als wir aus der Schule kamen,
als wir ein Schokoladeneis aßen,
als wir zum ersten Mal im Kino saßen,
als die Ferien anfingen,
als wir im Sommer schwimmen gingen,
als wir an der Haltestelle standen,
als wir unseren ersten Job fanden,
als wir die Anzeige sahen,
als wir im Fotokurs waren,
schien die Sonne.
b)
Als du einen Flug nach Istanbul buchtest,
als du deine Brille suchtest,
als du über einen Witz lachtest,
als du deine Prüfung machtest,
als du nach dem Weg fragtest,
als du „Auf Wiedersehen" sagtest,
als du deine Schwester störtest,
als du viel zu laut Musik hörtest,
als du nach Hause gehen wolltest,
als du mich abholen solltest,
regnete es.

10

a) b6 – c3 – d5 – e4 – f2

b) 2. Wann war der Zweite Weltkrieg endlich zu Ende?
3. Wann baute die Regierung der DDR eine Mauer durch Berlin?
4. Wann fiel die Mauer?
5. Wann war Deutschland wiedervereinigt?
6. Wann feierte Berlin das Ende der Fußball-WM in Deutschland?

11

a4 – b1 – c5 – d2 – e6 – f3

Leben in Deutschland 1

1

a) 1b – 2c – 3a

b) 2. Nachtschicht: von ca. 22 bis 5 oder 6 Uhr
3. 37,5 - 40 Stunden
4. 10 Stunden
5. mindestens acht bis 15
6. eine halbe Stunde bzw. 45 Minuten
7. z. B. 9 – 15 Uhr

c) 1d – 2e – 4b – 5c

2

a)

	Beruf: Welcher?	Arbeits-zeiten	Was ist positiv?	Was ist negativ?
Carlos	U-Bahn-Fahrer	Schicht-arbeit, z. B. 2 Tage frei, dann 4 Tage Frühschicht.	verdient gut	anstrengend viel allein
Deniz	Alten-pfleger	Teilzeit Mo–Fr, von 14–18 Uhr	interessant arbeitet gern mit Menschen zusammen	stressig Bezahlung/ Gehalt nicht gut

b) *individuelle Lösung*

2 Alltag

1

a) *Zeile 2:* Auf dem Weg zum Bahnhof hatte ich gleich eine Fahrradpanne.
Zeile 3–4: Da gab es einen langen Stau und wir kamen zehn Minuten zu spät ins Büro.
Zeile 4–5: Der Chef war ziemlich sauer, weil wir um acht Uhr einen Termin mit einem wichtigen Kunden hatten.
Zeile 9: Natürlich stand ich an der Kasse im Supermarkt in der längsten Warteschlange,
Zeile 15: Natürlich war gerade heute der Drucker kaputt.

b) *Zeile 3–4:* Eine Kollegin hat mich gesehen und mit dem Auto mitgenommen.
Zeile 6–8: Der Kunde kam aber erst um halb neun, weil er auch im Stau war. Naja, so hatten wir noch etwas Zeit und wir haben noch einmal über unsere Strategie für das Gespräch mit dem Kunden gesprochen.

Zeile 12: Endlich öffnete eine andere Kasse und da war ich der Erste.
Zeile 13–14: Unsere Präsentation hat ihm sehr gefallen und er wollte unsere neue Maschine kaufen.
Zeile 16: Irgendwie habe ich ihn dann doch noch repariert und alle waren zufrieden.

c)

Pech & Pannen	Glück & Erfolg
…, Stau auf der Autobahn, zu spät im Büro und Chef sauer	Kunde auch halbe Stunde zu spät; Zeit für Gespräch über Strategie
lange an der Kasse im Super-markt warten	neue Kasse öffnet
Drucker kaputt	Präsentation hat dem Kunden gefallen, er will neue Maschine kaufen
	kann den Drucker reparieren

2

2. Sie standen im Stau, darum kamen sie zu spät zur Arbeit.
3. Der Kunde hatte auch etwas Verspätung, deshalb/des-wegen/darum hatten sie etwas Zeit für die Verkaufs-strategie.
4. Im Supermarkt suchte eine Frau lange nach Kleingeld, deshalb/deswegen/darum musste Jochen lange warten.
5. Eine andere Kasse öffnete, deshalb/deswegen/darum konnte Jochen gleich bezahlen.
6. Der Kunde wollte die Maschine kaufen, deshalb/des-wegen/darum rief der Chef Jochen an.

3

a) 1. – 3. – 4. – 5. – 7. - 8.

b)

putzen	einen Parkplatz suchen	Lärm ertragen

←———————————————————————————→
kein Stress   totaler Stress

Prüfung   chaotischer Freund/Jan

4

1c – 2a – 3e – 4b – 5d

5

a) Dialog 1: Bild b
Dialog 2: Bild a

b) die EC-Karte – die Quittung – das Protokoll – die Kopie – der Personalausweis – die Geheimzahl – die Konto-nummer – die Anzeige – das Geburtsdatum – das Formular

c) *bei der Bank:*
die EC-Karte, die Quittung, der Personalausweis, die Geheimzahl, die Kontonummer
bei der Polizei: das Protokoll, die Kopie, die Anzeige, das Geburtsdatum, das Formular

6

a)

1. ein Formular ausfüllen
2. die Strafe zahlen
3. die Geheimzahl eingeben

4. Anzeige erstatten
5. einen Anschlusszug verpassen
6. eine Kreditkarte beantragen
b) 2. Meine Kreditkarte ist weg. Ich war gerade auf der Bank und habe eine neue Kreditkarte beantragt.
   3. Mein Zug hatte Verspätung und ich habe meinen Anschlusszug verpasst.
   4. Jemand hat mein Handy gestohlen. Ich war bei der Polizei und habe Anzeige erstattet.
   5. Ich habe falsch geparkt und muss 15 Euro Strafe zahlen.
   6. Ich war gestern im Krankenhaus, aber zuerst musste ich ein Formular ausfüllen.

7
a) und b)
– Handydaten auf dem Computer speichern (*Zeile 8*)
– Telefonanbieter anrufen, damit er die SIM-Karte sperrt (*Zeile 8–9*)
– Handy mit Geheimzahl sichern (*Zeile 11–12*)
– Gerätenummer (IMEI) an einem sicheren Ort notieren (*Zeile 23–25*)

8
2. Sie sollten Ihre Tasche nie über einen Stuhl hängen.
3. Sie sollten Ihren Rucksack vorne tragen.
4. Sie sollten nicht zu viel Geld mitnehmen.
5. Sie sollten nicht alles in eine Tasche packen.
6. Sie sollten auf die Menschen in Ihrer Nähe achten.

9
a) a5 – b6 – c1 – d4 – e2 – f3
b) 2. Du könntest abends früher ins Bett gehen.
   3. Ihr solltet einen Wochenplan machen.
   4. Du müsstest ein anderes Hobby finden.
   5. Du könntest manchmal etwas von zu Hause mitnehmen.
   6. Ihr müsstet sie öfter einladen oder besuchen. / besuchen oder einladen.

10
a) und b)
richtig: 1 und 3
falsch: 2, 4 und 5
c) 1. Wenn ich sage, ich habe zu viel Arbeit und Stress, dann bin ich wichtig.
   2. weil sie nicht viel zu tun haben.
      weil sie ihre Aufgaben nicht interessant finden.
   3. Tägliche Langeweile kann krank machen.
   4. Diese Menschen brauchen Hilfe.
   5. Sie sollten zu einem Arzt oder Psychologen gehen und über ihre Situation sprechen.
   6. – ein Gespräch mit dem Chef

Leben in Deutschland 2

1
a) 2g – 3b – 4a – 5d – 6h – 7f – 8c
b) 1c – 2d – 3a – 4e – 5b

2
1. alle zwei Jahre
2. sie hält fit, stärkt das Immunsystem, verhindert Krankheiten
3. täglich Obst, Salat und Gemüse; Lebensmittel mit viel Zucker vermeiden, viel trinken / in Ruhe essen
4. man kann nicht so gut arbeiten, man ist häufiger krank

3
1c – 2d – 3a – 4e – 5b

3 Männer – Frauen – Paare

1
a) *individuelle Lösung*
b) *Vorschläge:*
   Ich denke, dass ein Feuerwehrauto typisch für Jungen ist.
   Ich bin nicht der Meinung, dass eine Spielküche besser zu Mädchen passt.
   Ich glaube, dass eine Bahn aus Holz Jungen mehr Spaß macht als Mädchen.
   Ich bin der Meinung, dass ein Teddybär typisch für Mädchen und Jungen ist.
   Ich finde, dass ein Spielzeugpferd besser zu Mädchen passt.
   Ich glaube nicht, dass ein Fußball besser zu Mädchen passt.
   Ich glaube, dass ein Bauernhof Mädchen mehr Spaß macht als Jungen.
c) 1: Julia – 2: Max – 3: Max – 4: Julia – 5: Max – 6: Max und Julia – 7: Max
d) Max: Feuerwehrauto
   Julia: Pferd, Fußball, Teddybär
   Beide: Küche, Bauernhof, Holzbahn

2
a) *individuelle Lösung*
b) a3 – b1 – c4 – d2
c) 1: Frau – 2: Frau – 3: Mann – 4: Mann

3
Krankenschwester – Krankenpfleger
Mechanikerin – Mechaniker
Ärztin – Arzt
Anwältin – Anwalt
Polizistin – Polizist
Hausfrau – Hausmann

4

a) 1. im Bett bleiben – 2. sich auf den Weg machen –
3. von der Arbeit kommen – 5. für die Woche einkaufen –
6. ins Bett gehen

b) Birgit und Olaf Heise leben und arbeiten in Heidelberg.
Birgit ist Krankenschwester von Beruf. Wenn sie Nachdienst hatte, ist sie morgens sehr müde und geht immer
gleich ins Bett. Ihr Mann Olaf hat sich dann meistens
schon auf den Weg zur Arbeit gemacht. Er ist Verkehrspolizist. Und wenn er von der Arbeit nach Hause kommt,
ist Birgit schon wieder im Krankenhaus. Nur an zwei
Wochenenden im Monat haben beide frei. Dann bleiben
sie am Samstag etwas länger im Bett und kaufen nach
dem Frühstück gemeinsam für die Woche ein. Am Nachmittag machen sie die Wäsche und putzen die Wohnung.

5

a) *individuelle Auswahl*
b) und c)
1. Sie hat es verkauft.
2. Sie hat eine Umschulung und den LKW-Führerschein
gemacht und auch gleich eine Stelle gefunden.
3. Sie findet es interessant, dass sie schon in vielen
europäischen Ländern war.
4. Ihre Söhne finden es toll, dass ihre Mutter in ihrem Alter
noch einen typischen Männerberuf angefangen hat.

6

Vorschläge:
2d: Das sehe ich ganz anders! Ich finde meine Chefin super!
3f: Das ist so nicht richtig. Frauen haben weniger
Verkehrsunfälle.
4b: Das ist doch ein Klischee. Die meisten Köche sind
Männer.
5c: Das kann man so nicht sagen. Sie kaufen auch
Kosmetikartikel.
6g: Das stimmt doch nicht. Die deutsche Frauennationalmannschaft ist erfolgreicher als die der Männer.
7a: Da bin ich anderer Meinung. Kindererziehung ist auch
Arbeit.

7

a) Nummer 1, 4 und 6
b) *individuelle Lösung*

8

a) 1d – 2e – 3f – 4b – 5c – 6a
b) *Vorschläge:*
1. Ich vergesse nie, die Wäsche zu waschen.
2. Ich vergesse manchmal, meine Rechnungen zu bezahlen.
3. Ich vergesse oft, meine Passwörter zu notieren.
4. Ich vergesse selten, Lebensmittel einzukaufen.
5. Ich vergesse immer öfter, die Briefe zur Post zu bringen.
6. Ich vergesse manchmal, meine Hausaufgaben zu machen.

9

1. Er ist unsportlich.
2. Er ist unehrlich.
3. Er ist (sehr) kompliziert.
4. Er ist erfolglos / Er hat keinen Erfolg.
5. Geld ist ihm wichtig.
6. Er ist (sehr/total) unromantisch.

10

a) *positiv:* 1, 2, 3, 6
b) a3 – b4 – c2 – d1 – e6 – f5
c) *zu A Partner 2; zu B Partner 1*

11

a) 1a – 2d – 3b – 4c
b) 2. Sie sagt, dass ihre Kollegin schon wieder nach Bali
fliegt.
3. Er sagt, dass es am Markt einen neuen Italiener gibt.
4. Er sagt, dass er schon lange keine Sachertorte mehr
gegessen hat.

Leben in Deutschland 3

1

a) *individuelle Lösung*
b) 1. Weil sich die Berufswelt sehr schnell verändert.
2. Bei der Bundesagentur für Arbeit und im Internet.
3. Ein/e Mitarbeiter/in der Arbeitsagentur.
4. Kunden der Arbeitsagentur.
c) *Richtig:* 1. – 2. – 5. – 8.
Korrekturen der falschen Sätze (Vorschläge):
3. Sie kann auch in einem Café oder in der Straßenbahn
lernen.
4. Doch. Sie hat einen Fernlehrer.
6. Sie nimmt selten an Online-Chats mit anderen Kursteilnehmern teil.
7. Nein, man kann selbst bestimmen, wie schnell man
lernen möchte.

2

1a – 2f – 3b

4 Arbeit im Wandel

1

a) Das Emsland ist eine circa 2881 Quadratkilometer große
Region im südwestlichen Niedersachsen. Die längste
Strecke von der westlichen Grenze zu den Niederlanden
an die östliche Grenze des Emslands ist **56** Kilometer lang.
Die Entfernung vom nördlichsten Punkt des Emslands
zum südlichsten Punkt an der Grenze zum Bundesland
Nordrhein-Westfalen ist mit **95** Kilometern fast doppelt
so weit. Aber in dieser großen Region leben nicht sehr
viele Menschen und es gibt hier auch nur **5** Städte:
Lingen, Papenburg, Meppen, Haren und Haselünne. Die
größte Stadt ist Lingen im südlichen Emsland mit etwa
51000 Einwohnern. Insgesamt leben **313.500** Menschen
im Emsland und die meisten leben in kleinen Städten und
Dörfern auf dem Land. Den Namen hat das Emsland
übrigens von der Ems, einem **371** Kilometer langen Fluss,
der mitten durch diese ländliche Region fließt.

2

a) 1b – 2a – 3d – 4e – 5c
b) a1 – b3 – c4 – d5 – e8 – f6 – g7 – h2
c) 1E – 2J – 3J – 4E – 5J – 6E – 7J – 8E

3
a) *Thema 4*
b) 2. früher, 3. früher, 4. heute, 5. früher, 6. heute
c) *Vorschlag:*
Heute fahren sie mit dem Schulbus.
Früher haben die Kinder den Eltern bei der Arbeit geholfen. Heute sitzen sie oft lange vor dem Fernseher.
Früher gab es einen kleinen Dorfladen. Heute fährt man mit dem Auto zum Supermarkt in den Nachbarort.
Früher hatten die Leute einen Obst- und Gemüsegarten. Heute kaufen sie das Obst und Gemüse lieber im Geschäft, weil das weniger Arbeit macht.
Früher hatten die Leute immer Zeit für eine kurze Unterhaltung. Heute haben es die Leute auch auf dem Land immer eilig.

4
a) *Er spricht über* 1, 3, 5 *und* 6
b) *Richtig:* 1, 2, 6 und 7

5
1. Stadion – 2. Bergbau – 3. Schrebergarten – 4. Kumpel – 5. Stammkneipe – 6. Brieftaube – 7. Feierabend – 8. Arbeiter – 9. Ruhrpott – 10. Siedlungen – 11. Kohle
Lösungswort: Traumfabrik

6
a) 1b – 2c – 3d – 4g – 5e – 6f – 7a
b) 1b – 2a – 3f – 4g – 5c – 6e – 7d

7
a) *individuelle Lösung, Vorschlag:*
Johannes ist wahrscheinlich ausgerutscht, denn man sieht Öl auf dem Boden. Er hat sich vielleicht einen Arm oder ein Bein gebrochen.
b) 1. am 02. November 2016
2. in der Werkstatt
3. er ist auf Öl ausgerutscht
4. zwei Finger an der linken Hand gebrochen
5. zwei Wochen
c) Ja, weil auch Praktikanten vom ersten bis zum letzten Tag des Praktikums am Arbeitsplatz versichert sind.

8
b) 1: meisten – 2: keinen – 3: typischen – 4: nassen – 5: schwere – 6: falsche – 7: große - 8: schweren – 9: schlimmer – 10: gebrochenes – 11: tiefe – 12: langen – 13: hohen – 14: wichtige – 15: einfachen – 16: gefährlichen – 17: kleinen – 18: regelmäßigen – 19: unterschiedlichen – 20: attraktiven – 21: sicherer – 22: guten

Leben in Deutschland 4

1
a) Wenn man einen Autounfall hat, braucht man die KfZ-Haftpflichtversicherung.
Wenn man zum Arzt gehen muss, braucht man die Krankenversicherung.
Wenn man seinen Job verloren hat, braucht man die Arbeitslosenversicherung.
Für das Alter braucht man die Rentenversicherung.
Wenn man einen Hund hat, braucht man die Hundehaftpflichtversicherung.
Wenn man Probleme mit seinem Vermieter hat, braucht man die Rechtsschutzversicherung.
b) *Richtig:* 2 und 4
Falsch: 1 und 3

2
a) *von oben nach unten:*
3 – 5 – 13 – 7 – 11 – 1 – 15 – 9 – 10 – 6 – 2 – 12 – 4 – 14 – 16 – 8
b) + Guten Tag. Merkur-Versicherung. Schadensservice. Klaus Wagenbach am Apparat.
– Guten Tag, Herr Wagenbach. Hier Klara Klein.
+ Frau Klein, wie kann ich Ihnen helfen?
– Ich möchte einen Schaden melden.
+ Was ist denn passiert?
– Es hat ein Feuer bei uns in der Küche gegeben. Ich glaube, unsere Kaffeemaschine war kaputt. Aber zum Glück ist die Feuerwehr sehr schnell gekommen. Unsere Küche muss jetzt komplett renoviert werden.
+ Sie haben eine Hausratversicherung bei uns? Könnten Sie mir bitte Ihre Versicherungsscheinnummer geben?
– Natürlich. 878-KW-709-DE.
+ Vielen Dank. ... Ah ja, da habe ich Ihre Versicherungspolice. Sie sind bei uns geschützt gegen Feuer, Einbruch und Diebstahl sowie gegen Sturmschäden.
– Ja, wir sind schon seit sechs Jahren Kunden bei Ihnen. Das ist allerdings unser erster Schaden.
+ Verstehe. Wann hat es denn gebrannt?
– Gestern Abend.
+ Schicken Sie mir doch bitte alle Informationen, die Sie haben - also Fotos von der Küche nach dem Feuer, den Bericht der Feuerwehr und Rechnungen von allen Gegenständen oder Geräten in Ihrer Küche. Wir werden dann den Fall sehr schnell bearbeiten.
– Ich weiß nicht, ob wir noch alle Rechnungen haben.
+ Das ist nicht so schlimm. Schicken Sie mir bitte, was Sie haben.
– Vielen Dank!
c) *Vorschlag:*
Sehr geehrter Herr Wagenbach,
bei mir ist am 11.10.2017 eingebrochen worden. Ich, Andrea Fiebig, bin seit zwei Jahren bei der Merkur-Versicherung u.a. gegen Diebstahl versichert. Die Versicherungspolice hat die Nummer 899-AF-506-DE. Ich habe den Einbruch am Morgen des 12.10.2017 bei der Polizei gemeldet. Die Kopie der Anzeige lege ich bei.
Folgende Wertgegenstände wurden gestohlen:
– ein Fernseher fast neu (Quittung von 600 €)
– ein Computer (899 €)
– Schmuck im Wert von insg. ca. 1.800 € (Fotos anbei)
Der Schaden wird also auf insgesamt ca. 3.200 Euro geschätzt.
Bitte antworten Sie mir bald, ob und wann die Versicherung den Schaden bezahlt.
Mit freundlichen Grüßen
(Unterschrift)

5 Schule und lernen

1

a) 1: Film ab! – 2: Physik im Alltag – 3: Unsere Geschichte –
4: Regional und gesund – 5: Projektplanung

b) 1. sich mit einem Thema beschäftigen
2. einen Film machen
3. Fragen stellen
4. nach Antworten suchen
5. eine Ausstellung organisieren
6. die Geschichte untersuchen

2

a) und b)

Luise: Unsere Geschichte
Gründe: Sie geht schon seit vier Jahren gerne in die Schule und möchte mehr über sie erfahren.
Kilian: Projektplanung
Gründe: Er möchte wissen, wie ein Buch entsteht. Er findet Buchdruck spannend.

c) *Ja:* 1, 3, 4, 6, 8
Nein: 2, 5, 6

3

a3 – b1 – c5 – d4 – e6 – f3 – g2 – h4 – i2 – j1 – k6 – l5

4

	Kilian	Luise
1. Stunde	Deutsch	Mathe
2. Stunde	Englisch	Mathe
3. Stunde	Sport	Englisch
4. Stunde	Sport	Physik
5. Stunde	Geschichte	Bio
6. Stunde	Religion	Musik

5

2. lernen / etwas nachschlagen, 3. sehen, 4. wechseln,
5. teilnehmen, 6. schreiben, 7. rechnen, 8. vorbereiten

6

Berufe	Direktor/in	Hausmeister/in	Schulsozial-arbeiter/in
Tätig-keiten	Unterrichts-material bestellen Zeugnisse vorbereiten Einschulungen organisieren Bewerbungs-gespräche führen	Glühbirnen wechseln Schnee räumen kaputte Stühle reparieren Pausen-brötchen und Getränke verkaufen	bei Problemen vermitteln Arbeitsge-meinschaften leiten Schüler, Eltern und Lehrer beraten Konflikte ohne Gewalt lösen

7

a) und b)

Frage 1: aR, bS
Frage 2: Wann hat Ihnen die Schule Spaß gemacht? aS, bR
Frage 3: Wer hat Ihnen geholfen? aS. bR
Frage 4: Was machen Sie heute? aR, bS
Frage 5: Was können Sie den Schülern heute sagen / ihnen raten? aS, bR

8

b) 2. Ich wäre sicher besser in Englisch, wenn wir die Sprache nicht nur im Unterricht sprechen würden.
3. Ich hätte mehr Spaß am Sportunterricht, wenn wir nicht immer Basketball spielen würden.
4. Ich könnte mich im Unterricht besser konzentrieren, wenn die Pausen nicht zu kurz / länger wären.
5. Ich würde gern Mathe machen, wenn ich besser rechnen könnte.

9

a) 2. Ich wünschte, die Lehrer hätten immer gute Laune.
3. Ich wünschte, wir könnten die Unterrichtsthemen selbst aussuchen.
4. Ich wünschte, die Lehrer würden im Unterricht mehr Videos zeigen.
5. Ich wünschte, wir würden im Unterricht mehr Projekt-arbeit machen.

10

2. Alle Schüler können zwei Fächer wählen, für die sie sich besonders interessieren.
3. Sie werden dann in Gruppen aufgeteilt, in denen sie an einem bestimmten Thema arbeiten.
4. Jeder bekommt eine Projektpartnerin/einen Projekt-partner, mit der/mit dem er eine Aufgabe bearbeitet.
5. Zum Schluss werden Eltern und Geschwister zu einer Veranstaltung eingeladen, auf der alle Gruppen ihre Ergebnisse präsentieren.

11

2. Gymnasium – Das Gymnasium ist eine Schule, auf der man das Abitur machen kann.
3. Schulhof – Der Schulhof ist ein Platz, auf dem die Schüler die Pausen verbringen.
4. Lieblingsfach – Das Lieblingsfach ist ein Fach, in dem der Unterricht am meisten Spaß macht.
5. Hausaufgaben–- Die Hausaufgaben sind Aufgaben, die man nicht im Unterricht macht.
6. die Ferien – Die Ferien sind Wochen, in denen die Schüler/innen frei haben.

Leben in Deutschland 5

1

a) *wann:* Am Dienstag, 16. August, um 18:30 Uhr
wo: in der Goethe-Schule, Goethestraße 33 in 22767 Hamburg, im Klassenraum der 6c: Raum A-301
Themen: die Klassenreise und die Wahl der Eltern-vertretung

b) 2, 3 und 5

2

a) 1b, d – 2a, b, e – 3b, d – 4a, b, e – 5b, d, f – 6c

b) 1. In Deutsch und Englisch. In Geschichte eine Drei.
   2. Eine Sechs.
   3. Weil sie Nachhilfe hatte.

c) *Ja:* 2 und 3, *nein:* 1 und 2

6 Klima und Umwelt

1

a) A: Winter verabschiedet sich mit Sturm und Eisregen
   B: Stürmisches Ende der Hitzewelle in Bayern

b) *Zu Artikel A passen:* Foto 1 und 5
   Zu Artikel B passen: Foto 2, 3 und 4

c) Wetterbericht 1: Text B, Wetterbericht 2: Text A

2

a) 2h – 3a – 4g – 5c – 6d – 7b – 8e

b) Wegen abgedeckter Dächer riefen viele Einwohner die
   Feuerwehr.
   Wegen des Unwetters war die Feuerwehr pausenlos im
   Einsatz.
   Wegen eines Feuers wurde eine Fabrikhalle vollständig
   zerstört.
   Wegen zerstörter Oberleitungen blieben viele Haushalte
   ohne Strom.
   Wegen des Eisregens wurden Zugverbindungen
   gestrichen.
   Wegen umgestürzter Bäume wurden einige Straßen
   gesperrt.
   Wegen des Hochwassers mussten die Camper die Plätze
   verlassen.

3

a) 6.

b) *Aktuelle Situation:*
   1. alles nass, 2. Teppich kaputt, 3. Wände dreckig
   In den letzten Tagen:
   1. Möbel in die 2. Etage gebracht, 2. Auto am Stadtrand
   geparkt, 3. in der Turnhalle übernachtet
   Er macht jetzt:
   1. aufräumen, 2. den Nachbarn helfen, 3. der Versicherung
   den Schaden melden

4

a) b

b) 1: Zeilen 31–39, 2: Zeilen 1–13, 3: Zeilen 14–30

c) *Typisches Frühstück, Lebensmittel aus Wien:*
   Brot oder Brötchen, Schinken, Käse, Milch, Zucker, Eier,
   Joghurt und Saft = 5.000 km
   Kaffee aus Brasilien = 10.800 km
   Gründe für den Import billiger Produkte:
   1. billige Arbeitskräfte
   2. niedrige Transportkosten
   Folgen für die Verbraucher:
   Gefahr für die Gesundheit wegen der chemischen
   Behandlung.
   Folgen für die Umwelt:
   Das Kohlendioxyd verstärkt die Entstehung von
   Treibhausgasen.

5

a) 2. am, 3. am, 4. in der, 5. um

b) In der nächsten Woche beginnt wieder die Winterzeit. In
   der Nacht von Samstag auf Sonntag müssen Sie Ihre
   Uhren um zwei Uhr eine Stunde zurückstellen. Sie
   können dann am Sonntag eine Stunde länger schlafen,
   aber am Morgen ist es länger dunkel. Wenn im nächsten
   Jahr der Frühling kommt, stellen wir die Uhren im März
   eine Stunde vor.
   Die Sommerzeit wurde 1980 eingeführt, weil man Energie
   sparen wollte. Dieses Ziel wird leider kaum erreicht, denn
   im Winter schalten viele Menschen am Morgen die
   Heizung früher ein. Dann wird die Energie, die man im
   Sommer wegen des längeren Tageslichts gespart hat,
   wieder verbraucht. Die Mehrheit der Deutschen findet
   die Sommerzeit nicht gut. Viele mögen es aber, dass es in
   der Sommerzeit am Abend länger hell bleibt.

6

a) 1c – 2c – 3b – 4b – 5a – 6c

b) Wenn man über die Zukunft spricht, kann man entweder
   das Futur, das Präsens oder das Präsens mit Zeitangabe
   benutzen.

7

Ursachenkette a:
Weil die Gletscher schmelzen, gibt es nur noch in Skigebieten über 1000 m Schnee. Deshalb gibt es immer
weniger Wintersportorte. Es gibt immer weniger Wintersportorte, deswegen sinken die Arbeitsplätze im Tourismus.
Ursachenkette b:
Die Temperaturen steigen, deswegen schmilzt das Eis an den
Polen. Weil das Eis an den Polen schmilzt, steigt der Meeresspiegel immer höher. Der Meeresspiegel steigt immer höher,
deswegen sind viele Küstenregionen von Hochwasser und
Sturmfluten bedroht. Viele Küstenregionen sind von Hochwasser und Sturmfluten bedroht, deswegen sinkt die Zahl
der Arbeitsplätze im Tourismus.

8

a) 2e – 3a – 4f – 5c – 6b

b) 2. Man sollte nicht mit dem Auto in die Stadt fahren,
   sondern man sollte lieber den Bus nehmen.
   3. Wichtige Dokumente sollte man nicht ausdrucken,
   sondern man sollte sie elektronisch speichern.
   4. Alte Flaschen und Gläser sollte man nicht in die Mülltonne werfen, sondern man sollte sie unbedingt
   recyceln.
   5. Man sollte technische Geräte nicht auf Standby stellen, sondern man sollte sie ganz einfach ausschalten.
   6. Man sollte nicht jeden Tag Fleisch essen, sondern man
   sollte mehr Gemüse und fleischlose Gerichte kochen.

9

a) 2d – 3b – 4a – 5e

b) 2. Je öfter Sie die öffentlichen Verkehrsmittel nutzen,
   desto weniger CO_2 produzieren Sie.
   3. Je mehr Wertstoffe Sie recyceln, desto mehr tun Sie für
   unsere Umwelt.
   4. Je öfter Sie auf das Baden verzichten und duschen,
   desto mehr Wasser sparen Sie.

5. Je regelmäßiger Sie eine Tasche zum Einkaufen mitnehmen, desto mehr Plastikmüll vermeiden Sie.

11

a) 2. Ich werde weniger Fleisch und mehr Gemüse essen.
3. Ich werde die Heizung öfter ausschalten, wenn ich die Wohnung verlasse.
4. Ich werde öfter eine Tasche zum Einkaufen mitnehmen.
5. Ich werde mehr sparsame Geräte kaufen und so Energie sparen.
6. Ich werde beim Einkauf mehr auf regionale Produkte achten.
7. Ich werde weniger/seltener baden und öfter duschen.
8. Ich werde seltener/weniger Dokumente ausdrucken.
9. Ich werde öfter/mehr Papier, Glas und Plastik recyceln.

b) *individuelle Lösung*

Leben in Deutschland 6

1

a) 1b – 2a – 3d – 4c

b) *Tonne A (Glas):* Einweg-Saftflaschen, Flaschen für Öl und Essig, Gläser für Marmelade und Honig, Parfümflaschen, Weinflaschen
Tonne B (Grüner Punkt): Dosen aus Metall, Flaschen aus Kunststoff, Joghurtbecher, Milch- und Safttüten, Plastiktüten, Suppentüten
Tonne C (Restmüll): Glühbirnen, Katzenstreu, Papiertaschentücher, Schuhe, Staubsaugerbeutel
Tonne D (Papier): Pizzakartons, Schreibpapier und Schulhefte, Taschenbücher, Verpackungen aus Papier und Pappe, Zeitungen und Zeitschriften
Tonne E (Bio): Blätter von Bäumen, Blumen, Gemüseabfälle, Kaffeefilter, Obstreste, Teebeutel, Topf- und Balkonpflanzen

2

a) 1a – 2b – 3b – 4a – 5a – 6b

b) 1. Immer donnerstags / am Donnerstag.
2. Man muss es zum Speermüllannahmezentrum bringen.
3. Am 06. Oktober.

7 Das ist mir aber peinlich!

1

a) c – e – a – d – b

b) Ende Nummer 3

c) 2 – 5 – 7 – 8

2

a) und b)

Links: Ein Mann sitzt nicht gerade, der andere Mann bindet sich die Serviette um den Hals.
Mitte: Ein Mann hat die Schuhe ausgezogen, ein anderer Mann legt den Kopf in die Hände und hat die Ellenbogen auf dem Tisch, eine Frau zeigt mit dem Messer auf einen Mann. Ein Mann spielt mit der Kerze.

Rechts: Ein Mann schneidet große Stücke vom Fleisch und stört seine Nachbarin, ein anderer Mann nimmt das Messer in den Mund.

4

a) *Bild c passt nicht.*

b) 2. Obwohl Herr Müller viel zu tun hat, bringt er die Pakete zur Post.
3. Obwohl Frau Seifert ihre Kollegin nicht mag, schenkt sie ihr Blumen (zum Geburtstag).
4. Obwohl Herr Bayer der Chef ist, hat er die Kopien gemacht.

5

a) 1d – 2c – 3b – 4a

b) 2. Obwohl man Altpapier in die blaue Mülltonne werfen muss, wirft sie das Papier in den Hausmüll.
3. Obwohl man in Krankenhäusern leise sein soll, unterhalten sich die Besucher laut auf dem Flur.
4. Obwohl in Deutschland das Rauchen in Restaurants verboten ist, raucht der Mann.

6

a) *Abschnitt 1:* 4, *Abschnitt 2:* 3, *Abschnitt 3:* 1, *Abschnitt 4:* 2

b) *Ja:* 1, 3, 5 – *nein:* 2, 4

7

a) kommende, spielende, weinende, laufende, hustende, schmerzende, behandelnde

b) 1. Zu spät kommende Patienten, sind Patienten, die sich verspätet haben.
2. Weinende Kinder haben oft Schmerzen oder Angst vor dem Arzt.
3. Behandelnde Ärzte kümmern sich um die Patienten.
4. Spielende Kinder beschäftigen sich mit einem Teddy oder einem Spielzeug.
6. Laufende Nasen können ein Zeichen für einen Schnupfen sein.
7. Schmerzende Wunden sind Verletzungen, die sehr weh tun.
8. Hustende Patienten haben wahrscheinlich eine Erkältung.

8

1. Nur Personen, die hier arbeiten, dürfen den Raum betreten.
2. Das Schild warnt vor Hunden, die frei laufen.
3. Hier muss man auf Kinder achten, die auf der Straße spielen.
4. Das Schild warnt vor Gegenständen, die herabfallen könnten.
5. Während die Maschinen laufen, darf an diesen Maschinen nicht gearbeitet werden.

9

b) und c)

Satz Nummer 3

10

a) Nachdem er ins Haus gegangen war, machte er das Licht an. Nachdem er das Licht angemacht hatte, sah er eine Notiz auf dem Tisch. Nachdem er die Notiz auf dem Tisch gesehen hatte, las er sie. Nachdem er die Notiz gelesen hatte, nahm er sein Handy aus der Tasche. Nachdem er sein Handy aus der Tasche genommen hatte, wählte er eine Nummer.

b) *Vorschlag:*
Nachdem er eine Nummer gewählt hatte, telefonierte er lange. Dann ging er schnell aus dem Haus.

Leben in Deutschland 7

1

a) 1: Anfrage – 2: Angebot – 3: Mehrwertsteuer – 4: Antwort – 5: Angebot – 6: Ausdruck – 7: Auftrag – 8: Unterschrift

b) *Ja:* 3, 4, 5
Nein: 1, 2, 6

2

a) *Vorschläge:*
Ich glaube, auf Bild 1 funktioniert die Heizung nicht. Es ist sehr kalt im Zimmer.
Wahrscheinlich wurde auf Bild 2 der Müll nicht abgeholt. Die Mülltonnen sind sehr voll.
Der Mann auf Bild 3 ist vielleicht in einem Hotel. Er kann nicht schlafen, weil es zu laut ist.

b) *Bild 2 passt.*

c) Ich möchte mich beschweren. – Ich bin sehr enttäuscht, weil … – So etwas darf eigentlich nicht passieren. – Ich erwarte, dass … – Ich kann verstehen, dass das für Sie sehr ärgerlich ist. – Ich schicke morgen jemand zu Ihnen, der …

d) *Vorschläge:*
1. + Hotel Am Marktplatz. Sie sprechen mit Herrn Maier. Was kann ich für Sie tun?
   – Hier (Name). Ich möchte mich beschweren. In meinem Bad geht das Licht nicht. Ich glaube, die Glühbirne ist kaputt.
   + Entschuldigen Sie bitte. Das tut mir leid. So etwas darf eigentlich nicht passieren. Wir schicken sofort jemand zu Ihnen, der die Glühbirne wechselt.
   – Danke schön.
2. + Kundenservice ElektroKing. Sie sprechen mit Frau Kaiser. Was kann ich für Sie tun?
   – Hier (Name). Ich habe bei Ihnen einen PC bestellt. Er ist gestern auch gekommen, aber das Stromkabel fehlt. Ich bin sehr enttäuscht, weil ich ihn jetzt gar nicht starten kann.
   + Entschuldigen Sie bitte. Das tut mir leid. So etwas darf eigentlich nicht passieren. Können Sie mir die Lieferschein-Nummer geben?
   – Ja, das ist die 177 52 44. Ich erwarte, dass Sie das Kabel so schnell wie möglich liefern. Ich brauche es dringend.
   + Ich kann verstehen, dass das für Sie sehr ärgerlich ist. Wir schicken das Kabel noch heute an Ihre Adresse. Die Kosten tragen natürlich wir.
   – Okay. Ich hoffe, es kommt bald. Auf Wiederhören.

8 Generationen

1

a) *individuelle Lösung*

b) 1. Der kleine König Dezember
   2. Er ist klein wie ein Finger, aber etwas dicker. Er sieht wie ein Erwachsener aus.
   3. Im Zimmer des Erzählers, hinter dem Bücherregal.
   4. Das Leben / Die Kindheit / Das Größer- und Kleinerwerden
   5. Alle

d) 1 – 3 – 5 – 6

2

a) 1b – 2a – 3b

b) *Größer:* das Wissen
   Kleiner: die Fantasie, die Vorstellungen, die Berufswünsche

c) 1. Zeilen 1–2, 2. Zeilen 6–11, 3. Zeilen 13–14, 4. Zeilen 21–23, 5. Zeilen 22–23

3

a) 2. die Schwester, 3. die Nichte, 4. die Cousine, 5. die Enkelin, 6. die Tante, 7. die Tochter, 8. die Großmutter

b) 2. Das ist meine Cousine.
   3. Das ist mein Neffe.
   4. Das ist meine Tante.
   5. Das ist mein Vater.
   6. Das ist meine Enkelin.

4

Das ist mein Großvater Ludwig mit meiner Tochter Klara. Die Geschichte seines Lebens habe ich mir bestimmt schon hundertmal angehört. Er spricht besonders oft über seine Geschwister und die Zeit seiner Kindheit. Das waren harte Zeiten, damals. Er sagt oft: „Ihr wisst gar nicht, wie glücklich die Zeit eurer Generation ist! Wir hatten oft Hunger und Angst. Abends haben wir manchmal das leise Weinen unserer Mutter gehört, wenn wieder lange kein Brief gekommen war." Als Opa ein Kind war, war Krieg, und sein Vater war viele Jahre in Russland.
Und das ist meine Großmutter Erika. Kinder sind die größte Freude ihres Lebens. Für uns ist sie der gute Geist unserer Familie. Wenn sie sich die alten Fotos ihrer Kinder ansieht, wird sie manchmal traurig, weil alle so schnell erwachsen geworden sind. Sie sagt oft zu mir: „Genieß die Kindheit deiner Tochter. Du solltest mehr Zeit für sie haben und öfter mit ihr spielen." Ohne die Unterstützung meiner Großeltern könnte ich vermutlich nur halbtags arbeiten. Dank ihrer Hilfe ist das zum Glück kein Problem! Ich hoffe sehr, dass sie noch lange gesund bleiben.

5

1. sicher, 2. nicht sicher, 3. sicher, 4. nicht sicher, 5. nicht sicher, 6. nicht sicher

6

a) 1 im Herbst – 5 in der Weihnachtszeit – 2 in der Karnevalszeit – 4 im Winter – 6 in den Sommerferien

b) 2. Ich bin mir sicher, dass das ein Foto von Inga als Prinzessin ist. Wahrscheinlich war das in der Karnevalszeit.

3. Es könnte sein, dass das ein Foto von ihrem ersten Schultag ist. Möglicherweise war das im Sommer.
4. Vermutlich ist das ein Foto ihres neunten Geburtstags. Ich nehme an, dass das im Winter war.
5. Ich vermute, das ist ein Familienfoto mit ihrem kleinen Brüderchen. Ganz sicher war das in der Weihnachtszeit.
6. Ich bin mir ganz sicher, dass das ein Urlaubsfoto von ihrer Familie ist. Wahrscheinlich war das in den Sommerferien.

7

a) b: Seit er in der Schule Physik hatte.
c: Seit sie ein kleines Mädchen war.
d: Seit Englisch und Französisch ihre Lieblingsfächer waren.
e: Seit sie 17 war.
f: Seit sie ein Praktikum in einem Bioladen machte / gemacht hat.

b) 1. Er weiß, wie ein Radio funktioniert, seit er in der Schule Physik hatte.
2. Seit Shirin ein kleines Mädchen war, wollte sie Lehrerin werden.
Sie weiß, dass sie Lehrerin für Sprachen sein will, seit Englisch und Französisch ihre Lieblingsfächer waren.
3. Seit Miriam 17 war, interessiert sie sich für die Natur. Sie findet den Beruf ihrer Eltern spannend, seit sie ein Praktikum in einem Bioladen machte / gemacht hat.

8

1. Ich finde, es gibt für manche Dinge im Leben weder ein richtiges noch ein falsches Alter.
2. Das glaube ich nicht. Viele Menschen haben nicht nur Angst vor dem Alter, sondern auch vor Krankheiten.
3. Das sehe ich ganz anders. Es spricht wirklich alles dafür, dass Kinder und Jugendliche weder Alkohol trinken noch rauchen sollten.
4. Das klingt gut, aber leider haben viele weder die Zeit noch das Geld für so eine Reise.
6. Da stimme ich dir nicht zu. Kinder sollten weder im Haushalt helfen noch auf ihre kleineren Geschwister aufpassen. Sie sollten viel spielen und Zeit für Freunde haben.

9

a) 2f – 3e – 4g – 5c – 6d – 7a
b) *individuelle Lösung*

10

a) 1c – 2f – 3a – 4e – 5b – 6d
b) *individuelle Lösung*

Leben in Deutschland 8

1

a2 – b1 – c5 – d6 – e4 – f3

2

a) *Richtig:* 2 und 3
Falsch: 1 und 4
b) 1d – 2f – 3b – 5g – 6c – 7e
c) *Altenpfleger/in:* zuverlässig, hohes Verantwortungsbewusstsein (= pünktlich, korrekt, ordentlich), Freude an der Arbeit und an unterschiedlichen Einsatzorten (= flexibel), offen und kommunikativ und arbeiten gern in einem Team (= teamfähig)
Servicemitarbeiter/in: Spaß und Freude am Umgang mit Menschen (= offen und freundlich), gute Kommunikationsfähigkeit (= kann gut reden, teamfähig, offen), du denkst mit, arbeitest eigenverantwortlich und selbstständig (= kann selbstständig arbeiten), Einsatzbereitschaft (aktiv, fleißig), Belastbarkeit (= kann auch im Stress gut arbeiten), Flexibilität (= kann sich auf neue Situationen und Kollegen gut einstellen, findet Lösungen)

---

9 Migration

1

a) 1: Foto c, 2: Foto b, 3: Foto a
b) Niguyen Gan: 3 und 7; Victor Göllner: 1, 2 und 5; Emin Demir: 4, 6 und 8
c) 1. Victor Göllner, 2. Emin Demir, 3. Niguyen Gan

2

2. Asylantenheim – 3. Gastarbeiter – 4. Integrationskurs –
5. Spätaussiedler – 6. Migration – 7. Auswanderer –
8. Flüchtlinge

3

2. Herr Özdemir, in dessen Lebensmittelgeschäft ich oft einkaufe, geht im Juli in Rente.
3. Über Frau Tran, in deren Frisörsalon noch zwei Ausbildungsplätze frei sind, steht heute ein Artikel in der Zeitung.
4. Mein Freund Ivan, dessen Eltern aus der Ukraine kommen, fühlt sich hier in Bremen zu Hause.
5. Die Meiers, deren Sohn in Neu Delhi arbeitet, reisen zum ersten Mal nach Indien.
6. Mein neuer Chef, dessen Kinder hier die internationale Schule besuchen, kommt aus Korea.
7. Unsere Software-Firma, deren Zentrale in Singapur ist, ist schon seit 14 Jahren hier.

4

2. Sie lassen das Gepäck zum Flughafen bringen.
3. Sie lassen Karten für die Oper oder das Theater reservieren.
4. Sie lassen das Essen aufs Zimmer bringen.
6. Er lässt ihn die frischen Waren in die Regale und Kühlschränke einräumen.
7. Er lässt ihn um 8 Uhr das Geschäft öffnen.
8. Er lässt ihn die Rechnungen vorbereiten.

5

2. Sie putzt ihre Wohnung selbst, aber sie lässt sie neu streichen.
3. Sie sucht selbst eine neue Waschmaschine aus, aber sie lässt sie nach Hause bringen.
4. Sie staubsaugt den Teppich selbst, aber sie lässt ihn einmal im Jahr chemisch reinigen.
5. Sie pflegt den Garten selbst, aber sie lässt die Bäume schneiden.

6

1f – 2d – 3c – 4b – 5e – 6a

7

1. 1961 wurde von der Bundesrepublik Deutschland und der Türkei ein Vertrag über die Einwanderung von Arbeitskräften unterschrieben.
3. Ausländer, die in dieser Zeit zum Arbeiten nach Deutschland kamen, wurden Gastarbeiter genannt.
4. Schon 1962 wurde der erste Verein türkischer Arbeitnehmer in Köln und Umgebung gegründet.
5. Wegen der Wirtschaftskrise wurde die Einwanderung weiterer Arbeitskräfte aus der Türkei und anderen Ländern 1973 gestoppt.
6. Den direkten Familienangehörigen der Gastarbeiter wurde auch nach 1973 die Einwanderung in die Bundesrepublik Deutschland erlaubt.
7. Trotzdem wurde die Bundesrepublik von der Politik noch sehr lange nicht als Einwanderungsland akzeptiert.

8

1. Man soll den Rasen nicht betreten und die Hunde an die Leine nehmen.
2. Man soll die Tiere nicht füttern / ihnen kein Essen geben.
3. Man soll seinen Ausweis an der Kasse (vor-)zeigen.
4. Man soll (in diesen Container) nur weißes Glas einwerfen.
5. Man/Kinder sollen im Treppenhaus nicht spielen.

9

1f – 2d – 3e – 4a – 5b – 6c

10

a) *positiv:* – das Wetter ist besser
   – das Leben ist nicht so teuer
   – man lernt eine neue Sprache und Kultur kennen
   negativ: – Bürokratie
   – Probleme mit der Sprache
   – sich nicht willkommen fühlen / unfreundliche Menschen
   – Offenheit und Energie verlieren
b) *individuelle Lösung*

Leben in Deutschland **9**

1

a) *Wandertage:* Wie lange?: 1 Tag, Wie oft?: nicht mehr als zweimal pro Schuljahr, Wer fährt mit?: alle Schülerinnen und Schüler, Planung: ? *(steht nicht im Text)*
   Klassenfahrten: Wie lange: mehrere Tage, Wie oft?: nicht jedes Schuljahr, Wer fährt mit?: alle Schülerinnen und Schüler, Planung: Lehrer, Eltern und Schüler gemeinsam

b) Das Ziel ist die Insel Wangerooge, dort wohnen die Schüler/innen in dem Bünder Schullandheim. Die Klassenfahrt findet vom 22.09 bis zum 28.09.2017 statt. Die Kinder unternehmen Ausflüge, Wanderungen und können im Meer schwimmen. Es gibt eine Liste zum Kofferpacken.
c) *individuelle Lösung*

2

a) und b)
– Habt ihr über die Klassenfahrt gesprochen?
– Na, dann erzähl doch mal. Wisst ihr jetzt, wohin die Kinder fahren?
– Die Seeluft soll ja so gesund sein. Wann fahren sie denn?
– Wann genau fahren sie und wie lange dauert die Fahrt?
– Frau Dormann braucht das Geld bestimmt bald. Bis wann müssen wir bezahlen?
– Gott sei Dank – es wäre doch schade, wenn nicht alle Kinder mitfahren könnten. Was müssen sie alles mitnehmen?
– Von wem bekomme ich die Checkliste?

10 Europa

1

a) Beitrag 1: Geschichte, Sicherheitspolitik, Migration, Sprachen, Kindheit
   Beitrag 2: Wirtschaft, Reisen, Arbeit, Lebensmittel/Spezialitäten
   Beitrag 3: Geschichte, Reisen, Kulturen, Arbeit
b) 2. Günter, 3. Girts, 4. Günter, 5. Louis, 6. Girts, 7. Louis, 8. Girts, 9. Günter

2

a) 1. gehören zu – 2. bestehen aus – 3. sich bewerben um – 4. beitragen zu – 5. verstoßen gegen – 6. sich wenden an
b) 2. Woraus besteht die EU?
   3. Worum bewerben sich weitere Länder?
   4. Wozu hat die EU in Europa beigetragen?
   5. Wogegen kann auch ein Staat verstoßen?
   6. Woran können sich dann die anderen Mitgliedstaaten wenden?

3

Vorschläge:
UNION, VERWALTUNG
INTEGRATION, VERTRAG, WIRTSCHAFT, REISEN
PROBLEME, GERICHTSHOF, KOMMISSION
SPRACHEN, POLITIK
ARBEIT, AUSTAUSCH, HANDEL

4

1b – 2c – 3c – 4b

5

a) *Fragen:*
   2. Wie viele Kommissare sind Mitglied der Europäischen Kommission?
   3. Woher kommen die Kommissare / Kommissarinnen?
   4. Von wem werden sie ernannt?
   5. Was macht die Europäische Kommission?

b) und c) *Antworten:*
1. aktuell 28
2. 28 (aus jedem Staat eine/ einen)
3. Sie werden ernannt.
4. Vom Europäischen Rat.
5. Den Haushalt verwalten, Gesetzesvorschläge, auf Umsetzung der Gesetze und politische Entscheidungen achten.

6
2. Ich interessiere mich auch (aber) sehr (nicht) für Politik.
3. Ich war (bin) in meiner Heimat nie (lange) Mitglied in einer Partei.
4. Meine Freunde finden es auch (nicht sehr) wichtig, über Politik zu sprechen.
5. Für mich sind Frieden und Sicherheit (nicht) die wichtigsten Ziele der Politik.
6. Wenn ich Politiker/in wäre, würde ich mehr mit den Bürgern sprechen.

7
a) 2. unpünktlich – 3. möglich – 4. gemeinsam – 5. zufrieden – 6. sicher – 7. krank – 8. frei
b) 1: Möglichkeit – 2: Sicherheit – 3: Freiheit – 4: Unpünktlichkeit – 5: Gemeinsamkeit – 6: Zufriedenheit

8
a) 2. nicht pünktlich im Büro sein – 3. keine E-Mails schreiben – 4. keine Präsentationen vorbereiten – 5. keine Geschäftsreisen machen – 6. nicht nett zu allen Kunden sein
b) 2. Ich brauche nicht pünktlich im Büro zu sein.
3. Ich brauche keine E-Mails zu schreiben.
4. Ich brauche keine Präsentationen vorzubereiten.
5. Ich brauche keine Geschäftsreisen zu machen.
6. Ich brauche nicht nett zu allen Kunden zu sein.

9
a) 2e – 3d – 4b – 5a
b) 2. Ich habe viel Arbeit. Trotzdem nehme ich mir Zeit für meine Kinder.
3. Ich muss früh aufstehen. Trotzdem gehe ich oft aus.
4. Ich spreche kein Französisch. Trotzdem fahre ich nach Paris.
5. Ich habe keine Hobbys. Trotzdem habe ich nie Langeweile.
c) 2. Obwohl ich viel Arbeit habe, nehme ich mir Zeit für meine Kinder.
3. Obwohl ich früh aufstehen muss, gehe ich oft aus.
4. Obwohl ich kein Französisch spreche, fahre ich nach Paris.
5. Obwohl ich keine Hobbys habe, habe ich nie Langeweile.

10
2. Wenn ich Hunger habe, koche ich entweder etwas oder ich gehe essen.
3. Wenn ich krank bin, bleibe ich entweder im Bett oder ich gehe zum Arzt.
4. Wenn ich Zeit habe, fahre ich entweder ein paar Tage weg oder ich gehe ins Kino.
5. Wenn ich müde bin, trinke ich entweder einen Kaffee oder ich mache einen Mittagsschlaf.
6. Wenn ich Geburtstag habe, mache ich entweder eine Party oder ich feiere mit meiner Partnerin/meinem Partner.

Leben in Deutschland 10

1
a) 1. e, a – 2. b, c, h – 3. d, f – 4. b, c, h – 5. b, c, g, h
b) + Guten Tag, ich möchte gern ein Konto bei Ihnen eröffnen.
  – Sehr schön. Haben Sie ein regelmäßiges Einkommen? Dann können wir Ihnen ein Girokonto einrichten.
  + Ja, ich habe die Verdienstbescheinigung dabei. Und meinen Ausweis, hier bitte.
  – Ah, ich sehe, Sie sind nicht aus einem EU-Land. Da brauche ich auch die Niederlassungserlaubnis und Ihre Meldebestätigung mit Ihrer aktuellen Anschrift.
  + Gut, dass ich alles mitgenommen habe. Hier, bitte. Bekomme ich auch eine EC-Karte?
  – Natürlich, aber es dauert ungefähr zwei Wochen, bis Sie die Karte haben. Die Geheimzahl wird Ihnen getrennt zugeschickt. Aber dann können Sie alle Bankgeschäfte an unseren Automaten erledigen.
  + Sehr gut. Was kostet das denn alles?
  – Die Gebühren sind nicht sehr hoch. Wenn Sie …

2
a)

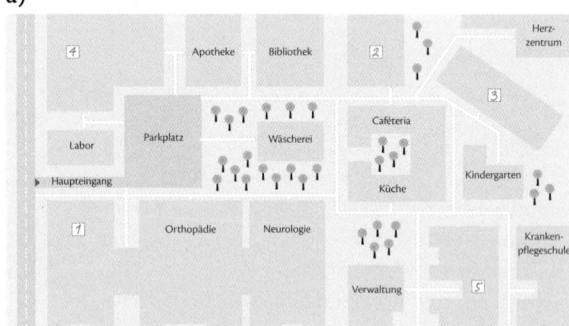

b) *Arzt/Ärztin:* 2, 3, 5, 7, 9, 10, 11, 13
Patient/in: 1, 4, 6, 8, 12